もしかしてブラック上司？

ブラック上司とホワイト上司の差は紙一重

柴田励司
(株)Indigo Blue. 代表取締役会長
Reiji Shibata

ぱる出版

まえがき

その会社がブラック企業かどうか。それを判断するためには、社内全体を見なければいけませんが、実はその中でも「ここを見れば、すぐに判断できる」という重要なポイントがあります。

それは、各現場の上司です。その上司が、部下にとってどういう上司であるか。そこが最初の重要問題です。その上司がブラック上司であれば、その部下にとって、その会社は完全にブラック企業になります。つまり、ブラック企業とは、多くの場合、現場のブラック上司のせいでそうなっているのです。

どんなに崇高な経営方針があっても、日本を代表するような優れた経営者がいても、素晴らしい商品、サービスを提供していたとしても、労基署の立ち入り調査が入るような事態を招く上司がいるとおしまい。ブラック企業認定です。

電通、日産、神戸製鋼、スバル……、日本を代表する企業で労務問題や不正と言われてしまう事件が、連日のように報道されています。経営者にしてみると対岸の火事とは言えません。いつなんどき自社で同じような問題が発覚するか、戦々恐々とされていると思います。

それもこれも、現場のある上司の言動・所作が発端だったりします。ちょっとした配慮不足から傷つき精神疾患になる社員が出たり、仕事の配分が偏り過剰労働となり身体を壊す社員が出たり、はたまた目標達成のために不正に手を染める社員が出たり……。こうなると、ブラック企業へまっしぐらです。

この上司はブラックを自認しているわけではありません。悪を自ら名乗るのは〝死ね死ね団とかショッカーの大将〟くらいです。古今東西、自分は悪だー、という人は現実にはいません。みな自分がやっていることは正しいと思っているはずです。すべては業績をあげるため、その人を育てるため……この本を手に取られた方々もそうでしょう。ところが現場で、あなたの言動が悪の根源とみなされていたりします。

ほんのちょっとしたことで、誰でもブラック上司になってしまう可能性があります。周囲の人たちを不幸にしてしまう可能性だってあります。ひいてはそれが会社の評判を著しく落とすことにもなりかねません。怖いです。

成長著しいベンチャー企業などでは、会社の成長に管理職の育成が間に合わないので、明らかに教育不足、人格的にも未成熟という人が上司になることがあります。労働法規も知らなければ、ハラスメントのことも知らず、ただイケイケどんどんで指導してしまう。その結果、退職者が増え、ＳＮＳに書き込まれる、なんてことが起こりがちです。こういう会社で上司になった人にぜひ読んでいただきたいです。

また、大企業でいろいろな人を相手にチームのマネジメントをしている人にもぜひ読んでいただきたいです。経験豊富とはいえ、今後ますますチームメンバーの構成が多様化します。若者、年上、外国人……、中には、ＡＤＨＤやアスペルガー症候群といった発達障がいの部下もいます。自分では普通に対応しているはずなのに状況が悪化してしまうといったケースもあるかもしれません。本書は、そうしないためのガイドブックでもあります。

自分では気づいていない「ブラック上司」にチーム全員からこの本を贈呈する、なんていう活用の仕方もあります。この本が、世界中の上司の虎の巻になって、世の中から「一緒に働きたくない上司」が減ることを期待しています。

柴田　励司

もしかしてブラック上司?●もくじ
ブラック上司とホワイト上司の差は紙一重

まえがき　3

第1章 部下の時間を奪う上司

ブラック上司とホワイト上司は紙一重　18
部下の心の声が聞こえますか?　19
【部下の心の声1】「うわ、恐怖のメール!」 22
ケース1　「時間を返してください」　22
ケース2　「即レスは無理だとしても、それは、あんまりです!」　24
ケース3　「メールでそこまで書かないでください」　26
【部下の心の声2】「また終わらない資料作りですか?」 31

ケース1　終わらない資料作りの症例　32
ケース2　「先が見えないのが、いちばん辛いです」　34
【部下の心の声3】「ちょっといい？って言われても……」　36
シーン1　同じことを聞く　38
シーン2　意味不明な会議に同席させる　39
シーン3　会食の同席を求める　43
シーン4　ヘルプデスクのように頼み事をしてくる　47
時間の感度が鈍い人　50

第2章　部下を利用してしまう上司

「なぜ仕事ができる人ほど、ブラック上司になっちゃうの？」　52
【部下の心の声4】「それって課長のためですか？」　54
シーン1　「簡単に休日出勤って言いますけど」　54
シーン2　「私も、昔は、いまの君と同じことをしてきたんだよ」　59
【部下の心の声5】「それって、うちの仕事でしたっけ？」　61
シーン1　〝子猫〟を拾ってくる課長　61

シーン2　噴水課長　63
シーン3　やる気課長の「やる気」が元凶　65
シーン4　自分の研修課題の下請けをさせる　67
【部下の心の声6】「なんで上にすぐ報告しないんですか?」　70
ケース1　悪い情報を隠そうとする　71
ケース2　自分が完全に理解していないと上に報告しない　71
ケース3　その場しのぎのツケが回ってきて、報告しようにも報告できない　74
【部下の心の声7】「要するにマイルのためですか?」　76
上司の動きが怪しい……　76

第3章　風見鶏な上司

【部下の心の声8】「上と下とで態度が違いません?」　80
ヒラメ上司と風見鶏課長　80
タイプ1　逆さ剱山《けんざん》　82
タイプ2　上司の難題を部下に実現させる　82
タイプ3　「この修羅場を乗り越えてこそ成長する」という信念がある　83

タイプ4　上に従順な人ほど、下にキレる　85
【部下の心の声9】「ミスター知らんぷり」　87
ケース1　メールを知らんぷり　87
ケース2　面倒くさい部下が問題行動をしても知らんぷり　88
ケース3　難しいお客様が来ると、スーッといなくなる　88
ケース4　自分がいないほうが部下の問題解決能力が鍛えられると思っている　88
知らないフリをして自ら気づかせる　91
【部下の心の声10】「ここぞというときに、いませんよね」　93
シーン1　いま決めないといけないときにオフィスにいない　94
シーン2　難しい顧客との打ち合わせのときに、どうでもいい会議に出ている　94
シーン3　部下が「来てほしい」と思っている席に出ない　95
「自分をわかってほしい」部下の気持ちにこたえる　95
【部下の心の声11】「話をすり変えてません？」　98
ケース1　嫌われたくないから相手に合わせて話を変える　98
ケース2　上に同調して話を変える　99
ケース3　「言った」「言わない」が多い　100

ケース4　話しながら、都合よく内容を変えていく　100
ケース5　「だから最初からダメだと思っていた」と結果論で批判する　102

第4章 保身に走る上司

【部下の心の声12】「ころころ言動が変わってますけど、それってだれのためですか?」　106
また保身ですか　106
シーン1　「自分の指示が原因」と言わない　107
シーン2　部下にスポットライトを当てない　108
シーン3　部下の提案をパクる　109
シーン4　「ごめん、今回かぎりだから」と、しょっちゅう言う　110
【部下の心の声13】「そんなに社長が怖いですか?」　111
シーン1　保身のためには理想を捨て去る　111
シーン2　二股上司　113
シーン3　「あの人がいると通るものも通りません」　115
シーン4　「骨折り損のくたびれ儲けをさせないで」　118
シーン5　部下を社長室に連れていく度量　123

第5章 「がっかり」な上司

【部下の心の声14】「できるだけ客先に連れていきたくないです」 128
部下のお膳立てをパーにする上司 128
上司が何もしないほうがいいときがある 131
【部下の心の声15】「ダサイ、くさい、けちい」 133
「ダサい」からの脱却 133
1回もおごってくれない人 135
苦手な部下とどう付き合うか 136
【部下の心の声16】「理想はごもっともですが……」 139
あるITベンチャー企業のケース 139
【部下の心の声17】「その会議の進め方、なんとかしてください」 143
2大ダメ会議のパターン 143

第6章 心を許しすぎる上司

【部下の心の声18】「気を許しすぎです」 148

「わたし、奥さんじゃないですから」 148
シーン1 「また自慢話ですか？」 150
シーン2 「愚痴なんか聞きたくないです」 151
シーン3 「言うことがコロコロ変わりますよね」 153
【部下の心の声19】「それ、私用ですよね」 154
シーン1 「靴下を買ってこいって!?」 154
シーン2 「買い物に付き合えって!?」 155
シーン3 「野球観戦ってなんですか？」 156
【部下の心の声20】「なんで私ばっかり」 158
シーン1 「出張や接待に付き合わせるのは勘弁してください」 158
シーン2 「誕生日プレゼントとか、ありがた迷惑です」 159
シーン3 勘違いでセクハラに発展？ 160

第7章 追い詰める上司

【部下の心の声21】「わかっていて聞くのはやめてください」 164
その正論が部下を苦しめる 164

シーン1　「なんでそんなことをしたんだ」と聞かれても……　165
シーン2　理由を考えて説明すると「言い訳するな！」なんて……　166
シーン3　「何を言わせたいんですか？」　166
【部下の心の声22】「いつまでも同じ注意をしないでください」　167
シーン1　「昔の話を蒸し返さないでください」　167
【部下の心の声23】「あなたと同じことをやれと言われても、ムリです」　172
やろうとしていることは、まちがっていなかったのに　172
熱い恩義が仇となるとき　175

第8章　部下を煽る上司

【部下の心の声24】「昇進とか別にいいですから」　178
昇進を目指している人は4割もいない　178
【部下の心の声25】「キャリアビジョンとか言われても……」　180
シーン1　「将来どうしたい？」と言われても別にありません　181
シーン2　「このままだと昇進できないと言われても」　181
シーン3　「管理職になりたいと思っていませんので」　182

【部下の心の声26】「指示してください。全力でやりますから」ではダメですか？ 182
シーン1　「当事者意識を持てと言われましても……」 183
シーン2　「やる気はありますよ」 184
シーン3　「身の丈の仕事をさせてください」 184
組織図の古典的法則「2・6・2」は正しいか？ 185
【部下の心の声27】「現状維持ではダメですか？」 187
シーン1　「いまの仕事で満足していますから」 187
シーン2　「いまさら新しいことと言われても」 188
シーン3　「コツコツと仕事を続けたいだけです」 188
【部下の心の声28】「課長と同じじゃないので……」 189
「わかる〝日本語〟を話してください　Speak Japanese!」 189
シーン1　「難しい言葉を使いすぎです」 190
シーン2　「一方的に話さないでください」 191
シーン3　「勉強しろって言われても」 191
【部下の心の声29】「1回言ったらわかると思わないでください」 192
シーン1　「そんなに理解力高くありませんから」 192

シーン2 「聞き落とすことだってありますよ」 193
シーン3 「確認しても怒らないですか？」 193
【部下の心の声30】「反省していないわけではありません」 194
シーン1 「自分の時間は犠牲にできません」 195
シーン2 「注意された日に宴会に行ったらダメですか？」 196

第9章 発達障害の部下を誤解する上司

発達障害は「仕事の障害」にはなりません 198
ブラック上司にならないための取扱説明書 201
【部下の心の声31】「僕だって、辛いです」 203
「融通がきかないと言われても……」 203
シーン1 「それくらい自分で判断しろ」と言われたので…… 204
シーン2 「いつまでそれをやってるの？」って言われても 205
シーン3 「お客様をお待たせしてる」と言われても 206
【部下の心の声32】「放っておいてほしいです」 208
【部下の心の声33】「片付けとプランニングは昔から苦手なんです」 210

シーン1　「何がどこにあるかわかっていますから」　211
シーン2　「この段取りでどうでしょう?」　211
【部下の心の声34】「この仕事ならだれにも負けません」　212
叱るより気づかせる　213
「他責にして学ばない」のをやめさせる　215
「2つのことが同時にできません」　216
「朝起きるのは苦手です」　217
発達障害を受け入れる社会であるために　217

あとがき　221

構成：松橋孝治
企画編集：髙木真明
本文DTP：ヨコイクリエイティブ

第1章
部下の時間を奪う上司

ブラック上司とホワイト上司は紙一重

自分自身では、部下を何よりも大切に思っている「ホワイト上司」のつもりだったのに、部下の目には「ブラック上司！」と映ってしまっている……。なぜ、こんな悲劇が起こるのでしょう。

そこには、上司の「よかれと思って」の言動が、実は「ぜんぜんよくないです」ということになっていたり、上司自身が「かつて私も上司にこんなふうに育てられて成長した」はずのことが、時代とともに、いまや通用しなくなっているという食い違いが起きたりしているのです。

あるいは、「自分はこんなに部下のことを思っているのだから、この思いは、きっとわかってもらえるはずだ」という思いが、残念ながら伝わらずに一方通行の思いにとどまっている。たとえば、「私は部下に心を許している」としても、あまりにも心を許しすぎて、「いったい、私はあなたの何なの？」と思われてしまう言動をついついしている。「思い」は「重い」につながりかねません。

そうした不幸な行き違いを多発するブラック上司と、うまく噛み合っているホワイト上司の差は紙一重です。その紙一重とは、一言で言えば、信頼関係です。上司と部下の良好な信頼関係が築けてさえいれば、たとえどんな局面でも、そのチームは活力を失うことなく円滑に機能し、生産性を高めていけるはずです。

つまり、「ブラック上司か、ホワイト上司か」の境目の1つは、「部下との信頼関係はあるか?」ということです。どんな会社にも上司と部下が一緒に無理難題を解決しなければならないときがあります。そこで、無理を押してでも一丸となって取り組んでいくためには「この上司を信じている」という部下の思いが不可欠です。それがなければ、無理難題は文字通り「そんなの無理です」で終わってしまいます。

では、どうすれば信頼関係は生まれるか。どうすれば信頼関係は崩れるか。そこが、ほんの紙一重の差によって分かれるのです。そして、その答えを本書では示していきたいと思います。

部下の心の声が聞こえますか?

この本の中では、さまざまなケースにおける「部下の心の声」を解き明かしていきます。どの会社でも毎日のように見受けられる上司と部下のやり取りの中で、いつでも部下はこうした心の声を発しています。それを聞き取れる耳を持っているのがホワイト上司であり、聞き取れないままでいるとブラック上司になってしまいます。

本書の各項目では、そうしたさまざまなケースでの部下の気持ちを理解し、上司の真意がちゃんと伝わるようにするためにはどうすればいいのか、具体的な方法論を示していきます。それは、仕事の現場で実践できるようになるためのケーススタディであり、言ってみれば、上司と部下の信頼関係は、この一つひとつの積み重ねの結果として築かれていくのだということが明確に読み取れると思います。

昨今のオフィスを見渡してみると、企業の生産性を阻害する要因は、主に4つあると私は考えています。

①上司
②部下
③メール
④会議

この4つのせいで自分の時間を不合理に奪われることが頻発すると、個々のパフォーマンスは下がってしまいます。とりわけ、上司の不合理な指示や軽率な言動が、いかに部下の時間を理不尽に奪ってしまっているか。そこに気づいていない上司は、完全にブラック認定です。

しかも、たちの悪いことに、この時間泥棒行為は、どのオフィスにもありがちな上司と部下のワンシーンに潜んでいるので「理不尽な指示」とは思っていない上司が多いのです。生産性阻害4大要因を解消できるかどうかのカギは、基本的にすべて上司が握っています。「ホワイト上司か、ブラック上司か」の認定基準も、そこにかかわることが多いのです。すなわち①「上司力」②「上司と部下の信頼関係」（当然、部下の側の問題もあります＊第9章参照）③「上司のメール作法」④「上司の会議進行能力」が改善されれば、大幅に部下の働き方改革は進みます。


この章では、ブラック上司に対する部下の心の声の中で、もっともよくある「時間を返してください」という声に耳を傾けてみましょう。きっと、「やばい。これ、私もやってる！」と気づく項目が少なからずあることでしょう。

働き方改革とは、ブラック企業改革というよりも、実はブラック上司改革の問題と言っても過言ではありません。オフィスにおいて、真っ先に改革するべきは、「部下の時間を無自覚に奪っているブラック上司」なのです。

部下の心の声 1

「うわ、恐怖のメール！」

ケース1 **「時間を返してください」**

上司の指示が適切でないおかげで、部下の時間が著しく拘束されてしまう。あるいは、上司の指示や判断が遅いせいで、部下の待ち時間が増えてムダな時間を費やしてしまう。こうした上司の言動がネックになって仕事が前に進まない状況を生み出しているのは、実は上司から部下へのメール対応が不十分なのが原因になっているケースが多いのです。

いまや組織内の「報連相」は大半がメールです。昔なら上司の指示や連絡は対面か電話で直接話すことで意思の疎通が円滑に行われていたものが、メールという一見便利だけれど行き届かない面が多々あるツールに安易に頼ってしまうことで、行き違いが生まれます。上司のなかには、「自分が部下だった時代はメールなんかなかった」という人もいるので、上司たるもの部下へのメールには注意を払うべしという心得が足りない場合があります。

他の人とのビジネスメールのやりとりならばそれでいいけれど、部下の立場で上司からこういうメールを受け取ったら頭を抱えてしまうという場合も多いのです。そんなことで、部下の時間を理不尽に奪ってしまわないために「上司のメール作法」を見直してみるべきです。

管理職や上位職になればなるほど、メールはたくさん押し寄せてきます。私も毎日、「200、300あたりまえ」という日々がありました。どこの会社も管理職であればこそ平日の日中は会議や商談が目白押しなので、大量のメールをさばききれず、部下からの受信メールをしばし放置してしまい、深夜や早朝や土日にまとめて返信するという上司が少なくありません。

「管理職は忙しいんだから、しかたがないんだよ」と言いたいかもしれませんが、部下の側にすれば「こっちだって暇じゃありません。またそうやって部下の時間をムダに奪うんですか。時間を返してください！」と言い返したくなります。

上司からの返信や指示のメールに待ちぼうけを食わされたまま時間が過ぎていく。これは、部下を「メール奴隷」に貶める行為です。上司の判断を仰がなければ前に進めない案件がストップしたり、「YesかNoか」の返信をもらえず宙ぶらりんのままムダな時間が過ぎていったり、なかなか合否の知らせをもらえなくて気持ちが落ち着かず、精神的に休めない。挙句には、部下のオフの時間に上司からの返信がドッと来て、オフが台無しになってしまう。こうして上司のメールに部下の行動が支配されて、メール奴隷を生み出しているような組織は生産性が向上するはずもありません。

ケース2 「即レスは無理だとしても、それは、あんまりです！」

上司がいつも忙しいというのは部下もわかっています。上司にメールを送っても、すぐに返信が返ってくるのは期待できないことも承知しています。ただし「だからといって、それは、あんまりです」と思われるようなメール対応をしてしまうと「ブラック認定」です。

まず、最悪なのは、返信するのを忘れていることです。待ちくたびれた部下が思い余って催促をすると、言い訳をする。「届いていなかったよ。エラーじゃないのか？」とか「なぜか迷惑ボックスに入っていたから」「そんなに重要じゃなさそうだし、目を通すだけでいいと思った」などと言われたら部下は、やる気が失せてしまいます。それでも食い下がる部下に「こっちは忙しいんだから、そうそう返信なんかできないよ！」と逆ギレでもしようものなら、もう最悪です。

いざ上司からの返信が来たかと思えば、それはときとして「恐怖のメール」となる場合があります。部下にとって、まったく想定外の時間に上司からのメールが来て、それに対応しなければならないとなると大きなストレスです。

たとえば、部下が朝イチで上司に出したメールの返信が夜9時にスマホに届く。部下は退社してデート中。メールには「君の提案は基本的にいいと思います。確認したい点が2つあるので教えてください。すぐに返事はしなくていいから」と書いてあるけれど、上司からそんなメールが来たら、部下としては安易に放置もできません。「明日の朝に返信すればいいだろう」と思ってみても、気になってしまい、デート相手に「どうしたの?」と心配される始末。これが、恐怖のメールです。

このパターンでさらによくないのは、平日はまったく部下に返信できず、週末にまとめてメールをさばく上司からの返信が土日に襲ってくるケースです。

たとえば、水曜日に上司に送ったメールの返事が結局、金曜の終業時間になっても来なかった。こうなると部下は土日でも気持ちのうえではスタンバイ状態を続けることになってしまいます。案の定、家族と出かけた先で部下のスマホに恐怖のメールが。「パパ、どうしたの?」「あ、うん、何でもないよ……」というシーンを自分の1本のメールが引き起こしているなどとは思ってもみない。これは完全にブラック上司です。

ここでもっとも気をつけるべきは、「上司のオン・オフと部下のオン・オフは一致していない」ということです。上司は「夜9時も土日も、いつでもオンに入れる」と思っても、部下はそうではありません。

上司から「返事は週明けでいいから」と土曜にメールを受け取った部下の心象風景を想像してみるべきです。「この件について月曜に課長に説明するために、土日のうちにしっかり準備しておけよという意味だな」と受け止めた部下は、オフを楽しむ気持ちになれるでしょうか。上司のほうは「ウィークデーに受け取ったメールの返信をまとめて週末にして、あとは週明けに」とスッキリしているかもしれませんが、部下のほうは土日の宿題を出されたと受け止めてしまったとしたら、恐怖のメール以外の何物でもありません。

ケース3 「メールでそこまで書かないでください」

上司の「恐怖のメール」には、ここまで述べてきた「時間を返してください」のパターンの他に「注意や指摘をメールで言ってくる」というパターンがあります。

本来、面と向かって言うべきことをメールで伝えてしまったおかげで、誤解やショックを与えてしまう。言葉足らずで、なおかつ冷たい印象を与えてしまうメールを送ってしまう。あるいは、延々と長文で理路整然と注意された部下が、すっかり打ちのめされるようなメールを送ってしまう。これは、お互いに顔を見て説明や弁明をすることもできず、一方的に画面上の無機質な文字によってダメ出しをされるので、まさに恐怖のメールです。

このパターンのメールを部下に送りつけてしまう上司は、2つのタイプがあります。1つは、面と向かって注意するのは不得意だけれど、よく部下を観察し、よく考えているので、問題点をちゃんと理解してもらおうとしてメールで伝える人。この上司にすれば、よかれと思って口頭よりも論理的な文章で客観的に伝えようとしているのですが、そのぶん余計に冷静で冷淡に言い放たれているように受け取られて、ショックを与えてしまうのです。

もう1つは、あまりにも忙しくて、就業時間内に部下と面談する時間がまったく作れずにメールで伝える人です。

実は私自身も、かつてそういうことがありました。多忙なうえに自分自身の時間管理ができておらず、スタッフと個別に話をする時間がとれません。その部下のことは、ずっと気になってはいたものの、就業時間内に面談したり、その場で注意したりすることができないので、夜遅くや週末にメールで伝えるということをしました。

私は職業柄、コンサルタントとして、相手の問題点をしっかりと見極め、詳しく分析して対処法を提言するのは日常業務です。ところが、それを一個人に向けて事細かく長文で書いたメールにして送ってしまったら、受け取った部下は、たまったもんじゃありません。

その指摘が正しければ正しいほど、心に突き刺さります。そんなメールを深夜に1人で読んでいる彼が、いったいどんな気持ちでいたことでしょう。このケースもご多分に漏れず「部下のためによかれと思って」やっているところが、余計に罪深くて、両者にとって悲劇的なのです。

この場合、本来であれば、どんなに忙しくてもメールで済まそうとせずに、時間を作って、ちゃんと顔を合わせて話をするべきなのは言うまでもありません。上司の指摘に対して部下はどう考えているか、お互いに相手の話を聞いて、問題点は何なのかを共有したうえで、部下に気づきを与え、その解決策を一緒に探るというプロセスが必要です。

その対話によって共有した課題を踏まえて今後に活かしていく。そうすれば、同じ指摘や注意でも、ダメ出しメールをガツンと送り付けられたときのような衝撃を受けることもなく、部下の取り組みは改善していくはずです。

Point ブラック上司返上！のための処方箋

◎忙しい上司のためのメール作法5原則

忙しくて時間がないからといって、部下のためによかれと思って恐怖のメールを送りつけ、ブラック上司になってしまう。そんな不幸を防ぐための「5原則」を紹介します。

①部下からのメールに「取り急ぎ既読！」の返信をする

「内容についての回答は○日までに送ります」と伝えれば、ひとまず本件で部下のムダなスタンバイ時間を解除できる。

②休日に送信しない

部下への返信メールを書くのが休日になってしまっても、書いてすぐ送信せずに「下書きフォルダ」に保存。緊急時を除き、返信は月曜の朝まで待つ。

③ちょっとした空き時間でメール処理を進める

社内外で常に端末を携え、次の用事までの少しの空き時間や、ふとした隙間の時間を逃さずにメールをさばく。ほんの5分もあればメールを3つは処理できる。

④長いメールには電話で応える

長文メールは、それだけ要件も要回答項目も多く、返信も長文になりがち。さらに「Re・Re」のメールがきて「Re・Re・Re」でまた返すことになる。しかし、電話をかければ一発で終わる。

⑤腹立たしいメールは、あえて1日放置しておく

ムカッときたメールにすぐに返信してしまうと、つい感情的なメールを送り返して事態

を悪化させがち。すぐに書いたとしても、送信せずに一晩寝た後で読み直し、極力、冷静な文章に修正してから送信する。

メールというのは、あくまでも不完全なコミュニケーションツールです。会って話せばすぐに理解し合えることや電話をすれば簡単に終わる話をメールにしたおかげで、余計に時間がかかったり、誤解が生じたり、お互いに気分を害したりということが起こり得ます。とくに、上司が部下に注文を付けるときには、ほんのちょっとした言葉の使い方で印象が変わることがあります。

たとえば、口頭で「ちゃんと注意しろよ」と言われて、明るく「はい」と返事をしていたようなことでも、メールで「注意してください」と書いてあると厳しい言葉に感じられることがあります。それを「注意してくださいね」というふうに「ね」をつけておくだけでトーンが柔らかくなることもあります。

メールは双方向通信のようでいて、実は言われたことにその場で言い返せないという「その時々は一方的なツール」であるために、ほんのちょっとした言葉遣いの差で相手の受け止め方が大きく変わることがあるのです。そこに対する注意を払っておくことが、上司のメール作法においては、とても大切だと思います。

部下の心の声 2

「また終わらない資料作りですか？」

上司から頼まれた資料作りに時間と手間を費やして、やっとの思いで完成させて提出した。ここまでならば、「お疲れさま。どうもありがとう」「いいえ、どういたしまして」となって、部下は自分自身の仕事に戻れます。ところが、ひとたび、その上司に資料作りを頼まれてしまうと、いつまでたっても終わらないというケースがしばしばあります。

もう終わったと思ったのに、そこからさらに注文がついて、資料作りが延々と続く。「やっとの思いで完成させた」はずなのに、「まだ完成ではない。続編を頼むよ」というわけです。提出済みの資料に不備があったのではありません。次々と追加項目が飛び出してくるのです。しかも、部下にしてみると、作成に取り組みながらも「これって本当に必要なの？」と思うようなものがある。こうして部下の時間が、どんどん奪われていきます。

部下が「時間を返してください」と言いたくなるような「終わらない資料作り」をさせてしまう原因は、こうです。

ケース1

終わらない資料作りの症例

①前に指示したことを忘れて新たな指示を出す

②絶対に必要なのではなく、「これもあったほうがいい」程度のことを追加注文する

・さほど重要性が高くないものまで頼むから①のように指示しておきながら忘れもするし、部下が一生懸命に作っている最中に、また別の注文をする。

③アウトプットのイメージを持たずに指示するので何度も修正をさせる

・受け取った資料に目を通すたびに、新たな疑問や思いつきが浮かび、全体像のイメージもないまま、思いつきのレベルのまま追加注文を出す。

④客観的には「必要十分な資料」なのに、自分の気が済まないと追加注文をつける

・部下にすれば「こんな細かいことまでいる？」と思うことでも、上司自身がこだわっている部分を徹底的に作り込ませないと終わらない。

⑤上司が会議で「そのまた上司」に説明するための資料なので……

・「もしこんな質問をされたときのために」と保険をかけているから、あれこれ資料を用意しておいても実際は使われないようなものまで作らせる。

・上司自身が「上の指示」をよく理解せずに指示を出しているので、やり直しが必要になってしまう。
・保険をかけたり、本筋も枝葉末節も一緒くたで膨大な資料を用意したりしたがる上司は、昔なら会議の席にバインダーやファイルをドサッと積み重ねてテーブルの上に置いて臨むタイプの「バインダー課長」。

⑥上司が自分で調べたほうが早いことをわざわざ部下に頼む

・自分で調べれば5分で済むことを部下に頼んで調べさせたために2時間も3時間もかかってしまうことがある。経験や予備知識がある人なら、必要事項を難なく調べられるのに、安易に部下に頼んでしまうので、まだ勘どころがわからない部下などは長時間かかってしまう。「それもいい勉強になるから」と良かれと思って頼んでも、場合によっては「時間を返してください」となりかねない。せめて「だれだれに聞いたら教えてくれるはず」とか「どこどこに有力な資料があるからそれを使えばいい」と示唆してあげるべき。ただし、そういうときに、うろ覚えや勘違いで「たしかこうだったはず」というあやふやな情報を与えるのは禁物。それで余計に正解に辿り着くまでの時間がかかる。

ケース2

「先が見えないのが、いちばん辛いです」

こうした終わらない資料作りをさせる上司の特徴は「見えていない」ことです。目の前だけ見ていて、その先が見えていない。一つひとつにしか目がいかず、全体像が見えていない。いわゆる、木を見て森を見ていないのです。そのために、細部に必要以上にこだわってしまったり、本質論を見失って部分的な取り組みに力を注いだりするのです。

たとえば、新商品の開発をするときには、「主なターゲットは40代以上の男性」というような仮説を立てたうえで、その層の人たちの生活様式や嗜好や消費行動をリサーチして開発や販売戦略を進めていくのが一般的な手法です。

ところが、そういう前提となる仮説がしっかりと定まっていない（見えていない）まま進めてしまうと、リサーチはありとあらゆる層を調査しなければならず、膨大な資料作りになってしまいます。終わらない資料作りを要求する上司というのは、まったくこれと同じなのです。

上司が有効な仮説や明確なイメージを持ったうえで、それを部下に共有させてから資料作りを頼めば、過不足ないものが一発で完成するはずです。

そして、それは資料作りだけでなく、上司の指示全般について同じことが言えます。「見えている」上司は、その全体像を明確に部下に見せてあげることができます。そうすれば、お互いが同じ方向にスムーズに進んでいけます。

しかし、上司が自分の見えてる範囲だけで仕事をしていると、それによる被害者、つまり時間をムダにされる部下が増えてしまいます。資料作りにせよ、その他の指示にせよ、部下が「いま頼まれてやっている仕事は、だれが何をするために必要なのか」ということを先々まで見通して取り組めるように指し示すことが大事です。

そういう説明もないまま指示を出して、部下が取り組んでいる最中にまた追加注文を出して「これ、明日までに頼むよ」などと言われたら、「いったい、このうちのどれがどれほど重要か」ということがわからないので優先順位もつけられないし、すぐに手いっぱいになってしまいます。

こういうときの部下の心の声は、こうです。

「どんな難題であっても、どんなに時間がかかっても、先が見えれば辛くはない。でも、いつ終わるかも見えないし、何のためにやっているかも見えないし、先が見えない仕事が一番つらいです」

Point　ブラック上司返上！のための処方箋

①上司が有効な仮説や明確なイメージを持ち、それを部下と共有する
②資料作りに関わる仕事の全体像を部下に示す
③ポイントをしっかり把握し、細かい枝葉は取捨選択する
④上司は自分で簡単に調べられることは自分でする

部下の心の声３　「ちょっといい？って言われても……」

上司が部下に「ちょっといい？」と声をかけるシーンは、どこのオフィスでも、毎日、かならず見られます。

ところが、この「ちょっといい？」は、おおいにクセ者です。極端な結論を言ってしまうと、上司に「ちょっといい？」と言われたときの部下の心の声は、ほとんどが「よくないです」というものです。

しかも、「ちょっといい？」と声をかけてくる上司は、まったく悪気があるわけではなくて、むしろ部下の仕事や時間を尊重する気満々の上司だったりするので、余計に危ないのです。ふと見れば、いつも部下に「ちょっといい？」と言っている人は、ブラック上司認定の疑いありです。

たしかに「君、例の件だけど」と、いきなり要件を言い出すよりは、「ちょっといい？」と一応お伺いを立ててから「例の件だけど」と切り出すほうが、気遣いがあるように聞こえます。

しかし、「ちょっといい？」という入り方は、結構、ズルいのです。なぜなら、上司にそう言われて、「いいえ、よくないです」とピシャリと断れる部下など滅多にいません。それを前提に、便利に「ちょっといい？」という枕詞をつけて、実はあくまでも上司のペースで安易に持ちかけているだけなのです。

そういうわけで、私の会社では相手が上司だろうが部下だろうが、「ちょっといい？」と言われると「よくないです」と、みんな答えます。理由は言うまでもありません。「よくないです」という共通認識があるからです。

では、「ちょっといい？」という全国の上司が都合よく使っているフレーズは、どういう点が要注意なのでしょう。

シーン1　同じことを聞く

「ちょっといい?」

「はい」

「ホワイト企画のプレゼンの件、どうなった?」

「それ、前に言いましたよね」

すでに部下から上司に説明をすませてあるのに、忘れてしまって同じ説明をさせる。挙句にはその後、またしばらくして、「あれは、どうだったっけ?」などと言う。ちゃんと終わっているはずのことを繰り返し何度もさせるのですから、これは「時間を返して」と訴えられてもしかたのないブラック上司です。

上司にすれば、他のことで頭がいっぱいだったり、もうしばらく先のことだから、ざっくりと聞いておいて、「またあとでちゃんと確認すればいい」ぐらいに軽く考えていたりするかもしれないけれど、部下にすれば、とんでもありません。「あれほど丁寧に説明したのに、いったいどこを聞いていたんだ、この人は!」と憤るのも当然です。前に聞いたような気もするけれど、改めて尋ねるというときには、せめて「ごめん。前も聞いたと思うけど、忘れちゃったから、もう1回、教えてくれる？」という一言を添えたいものです。

上司が抱える案件は部下が抱える案件より必然的に多いので、部下からの報告や連絡をつい見落としたり忘れたりすることは残念ながら起こり得ます。そうしたことで、なるべく部下の手間暇を増やさないようにするためには、やはり部下からの連絡事項を上司自身のToDoリストに適宜、整理しておくという基本的なことをするしかありません。

そのうえで、忙しい上司が部下に日ごろから頼んでおくべきことは、「重要なメールや報告や連絡事項ほど簡潔に示してもらう」ことです。とても真面目な部下にかぎって、そういう書類やメールが長文になったり、分量が多くなったり、先々の日程まで細かく知らせておいてくれたりしがちです。そうなると、忙しい上司が斜め読みをして見落としてしまったり、「まだしばらく先のことだな」と、安心したまま忘れてしまったりすることがあります。それを防ぐために重要事項ほど「簡潔」と「確認」が大切だということを上司と部下が共有していれば、「うっかり」も「あれ、なんだっけ？」も防げます。

シーン2　意味不明な会議に同席させる

「ちょっといい？」

「あ、はい」

「このあとの会議、一緒に出てくれる？」

「え？　私がですか。何も聞いてませんでしたけど…」

「ごめん。急で悪いけど、ちょっと一緒に頼むよ」

唐突に上司にそう言われて、予定外の会議に呼ばれた部下は「なんで自分がここに呼ばれたんだろう？」と、意味不明なまま、会議に着席しています。

上司のほうには、当然、いくつか狙いがあります。

「この会議の内容を聞いておけば、きっと本人のいい勉強になるはずだ」

「この議事録をしっかりつけておいてもらえば、今後、この件の推進に役に立つ。この件が本格的に動き出したら、この部下を参加させてみたいと思っている」

「今後、この会議に自分が出られないときは引き続き議事録をとってきてほしい。この件の準備で自分が動けないときには、この部下に助けてもらいたい。いずれこの件を後任者に引き継ぐべきときには、できればこの部下に任せたい」

そういう考えがあって上司は呼んでいるわけですが、その背景や青写真の説明もないまま「ちょっといい？」と連れていかれた部下にとっては、意味不明のまま時間がすぎていきます。

上司にすれば、「未定の話だし、まだ詳しく説明できないこともあるけど、出ておいて本人の損にはならないから」という思いがあります。

「連れていくのはだれでもいいというわけではない。この部下を指名しているのは、それなりの根拠もあるし期待感もある」と考えています。でも、そんなことを部下は、なかなか察することはできません。

実は私も若い頃、京王プラザホテルで人事部に在籍していたときに、そんなふうに意味不明の会議に連れ出された経験があります。そのとき、人事制度の改革に取り組みながらも思うように進まず、立ち往生気味だった私に、他部署の幹部が「ちょっと会議に来てくれ」と声をかけてきました。

「自分の大事な案件が難局にあるというのに、なんでわざわざ外部の私が知らない会議に出なくちゃいけないんだろう……」

そう思いながら、しぶしぶ出ていくと、「ホテルで冠婚葬祭の『葬』を商売にできないか」という商品開発の会議でした。当時はまだホテルの宴会場で葬祭をするのは一般的ではなかったのです。

その企画会議の課題は、「結婚披露宴や祝い事は1年なり半年なり前々から計画して準備できるが、葬儀は突然のことだからホテルの宴会部では対応できない」というものでした。会議を聞いているうちに興味が沸いてきた私は「葬祭でも、突然じゃない式もある。たとえば、どこかの社長の『お別れの会』のような集いは、亡くなってすぐ開催するわけじゃないからホテルでも対応できる。そういうところに営業をしていけばいいんじゃないか」という主旨の発言をしました。

すると、私を会議に呼んでくれた人はニヤリとしていました。私の提案内容など、さほど目新しいものではなかったかもしれませんが、その葬祭企画が面白くなって、すっかりのめり込んでいる私を見て、「うんうん」と頷いているようでした。

おそらく彼は、私が人事制度改革でくすぶっているのを横から見ていて、「なんとかこいつを引っ張り出して、息を吹き返すような事をさせてやろう」と思ってくれたのでしょう。あとで考えてみれば、「こいつは見どころがありそうだから、ちょっと呼んでやろう」と思って連れ出してくれたのだということが理解できます。ただ、若輩の私には、そんなことなど察知する術もなく「なんで意味不明の会議に出なきゃいけないんだ?」と最初は、いぶかしんでいたのです。

こういうケースで「ちょっといい?」と予定外の会議に呼び出すときに、「実は、こういうわけで出てほしいんだけど」ということを可能なかぎり説明してからにすれば、部下は「は？　意味不明……」とは思わなくてすみます。私がそうであったように、「あとで考えてみると、こういう意味だったのか」と自分自身で納得できる場合もあります。

しかし、上司の真意がわかりにくい場合もあるので、全容や狙いをすべて話さないまでも、ある程度、その意図を伝えておいてからのほうが、いまの部下にとっては親切です。そうすれば、不安や誤解を与えることもなく、「ちょっといい？」が「もちろん、いいです」になることでしょう。

シーン3　会食の同席を求める

「ちょっといい？」

「ええ」

「今夜の会食、ちょっと一緒に行こうよ」

「え？　私がですか？　そんな偉い人同士の席に……」


上司が大切な取引先との会食に出かけるような席に部下を連れて行こうとするのは、〈シーン2〉の会議と同様に、その部下を見込んでのことです。こういう席で上司たちのやりとりを見聞きしておくのは本人にとって、いい経験になるはずだと思っているのです。

ところが、上司の心、部下知らず。部下にとっては、苦痛でしかない場合があります。

かつて私もそうやって上司の会食に同席したことが何度もありましたが、正直、呼ばれるのは嫌でした。そんな席で何をごちそうになっても食べた気なんかしないし、家に帰るのが何時になるかわからない。おまけに「この柴田ってヤツはねえ」と酒の肴にされてイジられるのは、気持ちのいいものではありませんでした。

しかし、私はいま、自分の身内の若い人たちをあえて積極的に会食に同席させるようにしています。もちろん、それがよいことだと思っているからです。私自身は若い頃、そのよさに気づくのが少し遅かったけれど、やはり、いまとなっては当時の上司に感謝しているし、今度は自分がいまの立場で次世代の人たちに経験させてあげたいと思っているのです。

こういう席では、どんなふうにして場を作っていくのかということを同席しながら見聞きしてほしいと思ってのことです。なぜなら、そういう席で私と一緒に飲み食いしている相手は、若い人たちにとっては、なかなか日ごろは話をする機会がないような人だったりするからです。

たとえば、有名な企業の社長との会食に思いがけず同席することになったりすると、若い人にとっては緊張感もひと際です。私はその社長とは、お互いに若い頃からの仲間なので、実にフランクな間柄で会食の席も和やかで、ごく普通です。しかし、同席した若い彼にとっては、日常として想像できる範囲をはるかに超えた光景だったようです。

「柴田さんは、どうしてあんなふうに話しながら食べられるんですか？　気がついたら僕はあの席で一番何もしてないのに、一番何も食べていない。というか、食べられない。柴田さんも向こうの社長も、なぜあんなにいっぱいしゃべってるのに普通に食べてるんですか？」

彼にすれば、普段、見聞きできないような人の話を息をのむようにして耳を傾けているだけで、いつどのタイミングで箸をつければいいのか、まるでわからなかったというわけです。

なるほど、そういう思いをしただけでも彼が同席した意義は非常に大きいと私は改めて思いました。彼はその社長の言葉と私とのやり取りを一字一句まで映像とともに記憶にとどめ、心に刻んだようでした。

「どう？　また一緒に会食に行きたい？」

「はい。ぜひお願いします」

目を輝かせてそう答えました。なぜ私がそういう席に呼んだのか、優秀な彼は、すぐにその意図を察したのです。しかし、そうなるとばかりはかぎりません。「緊張して息が詰まる思いだった。もう勘弁してほしい」と思う人もいるだろうし、「こっちの予定もかまわず、急に会食に同席させるなんて、いったい部下のプライベートの時間をどう考えているんだろう」と思われることもあるでしょう。

いまの例は、たまたま相手が大きな企業の社長というレアなケースですが、何もそういう話ではなく、よかれと思って、上司の会食に部下を同席させるということは、どの会社でもよくあると思います。

そこでは、やはり、日ごろはあまり親しく話をする機会がない上位職の人たちとの食事や飲み会というのは、とてもいい経験になるものです。その誘いや企画自体は、まちがいなく「いいこと」なのですが、事と次第によっては部下にとって、ありがたくない誘いになってしまいます。

そんな残念なことにならないように気をつけるべきなのは、タイミングです。つまり、部下自身の予定をあらかじめ聞いたうえで誘ったり、こういう席に連れて行っても負担になってしまう時期には誘うことを控えたりする配慮が必要です。部下への思いが強い上司にかぎって「こんな機会はめったにないから」とか「自分もこういう相手との席に有無を言わせず連れて行かれて、後々すごくよかったから」と信じ込みがちですが、ひと呼吸してからにしましょう。

実は私も以前は、説明なしに連れていくほうでした。私自身、上司にそうされて後々感謝したし、あれこれ説明するより、まず経験させて、あとで自分で気づけばいいと思っていました。

しかし、いまは、ある程度、事前にアナウンスしてからのほうが喜ばれるケースが多くなっています。少なくとも「有無を言わせず」はよくない。かりに一度目は説明なしで連れて行ったとしても、その感想を聞いて、意図がうまく伝わっていないようなら、それなりに解説してから次回以降は誘うべきでしょう。

シーン4 ヘルプデスクのように頼み事をしてくる

「ちょっといい?」
「はい」
「このパワーポイントの新しいバージョンって、ここ、どうすればいいの?」

年上の上司と若い部下のITリテラシーは、部下のほうが高いというケースが少なくありません。そこで、各ツールが新しいバージョンになるたびに、こうした「ちょっといい?」が、どの会社でも横行しがちです。

そのたびに部下は自分の仕事が中断して、上司のパソコンのお世話係として時間を割かれてしまいます。これが1回ならまだしも、「あれ、これ、どうだったっけ？」と同じことを何度も聞かれたり手伝わされたりすると、「またですか！　もう私の時間を返してください！」という部下の心の叫びが聞こえてきます。

新しいアプリケーションや新しいパソコンの機能をうまく使いこなして、自分の仕事の生産性向上を図ることは大切です。そのためには、上司であれ部下であれ、等しく勉強が必要です。安易にだれかに頼ったり、いつも手伝ってもらったりしているだけでは、いつまでたっても身につきません。

ところが、「自分はパソコンの使い方を学ぶ暇があったら、もっとクリエイティブで生産性の高いことをするべき人間だ。アプリの新しいバージョンなんか覚えるために時間を浪費していられない」と思っている人たちがいます。それで度々、部下に「ちょっといい？」と言ってくるのです。

上司のＩＴリテラシーの低さを補ってあげることができるようなスキルを部下が身につけることも、上司がその手助けによって進めようとしている仕事も、価値に大きな違いなどありません。どちらも大事な仕事なのです。そういう意識に乏しく、「私はパソコンの勉強なんかしていられないんだから、ちょっと頼むよ」という姿勢で、忙しい部下に向かって、まるで秘書やヘルプデスクのように頼みごとをしてくる上司は、完全にブラック認定です。

「ちょっといい？」と言われて、しょっちゅうそれに付き合わされている部下は、時間がいくらあっても足りません。〈シーン1〉～〈シーン4〉のような「ちょっといい？」を連発してしまっている人は、罪の意識もなく無頓着である場合が多いのです。とすると、その改善策は、まず、ほんのちょっとしたことで部下の時間を余計に奪ってしまうのは罪深いことだと意識することです。そのうえで、もっと注意して部下の現状に気を配る。いま、この人は「ちょっといい？」かどうか。ちょっと一呼吸おいて、それをよく見極めてから「大丈夫そうだな」と思ったら、はじめて「ちょっといい？」時間がそこに見えてくるはずです。

Point　ブラック上司返上！のための処方箋

① 「ちょっといい？」と声をかける前に部下の状況を観察する
② 「ちょっといい？」の内容の意味と意義を部下に伝える

時間の感度が鈍い人

近年、各会社の20代~30代の人たちが抱いている閉塞感の原因は「自分の時間」が「豊かではない」と感じていることです。それは、仕事面でもプライベートでも「自分の時間が不本意な形で奪われていくから」です。

いま叫ばれている働き方改革において、もっとも重要なのは、そうした時間をどう豊かなものに変えていくかということです。この章で述べてきた「部下の時間を奪う上司」は、働き方改革の敵と言ってもいいでしょう。

部下のほうは、時間に対する感度が非常に高く、「時間を大事にしたい」「時間をムダに使いたくない」という気持ちが強いのに、上司のほうにその意識が希薄では困ります。

上司が忙しいというのは、よくわかります。しかし、だからといって、上司が自分のペースで動いているだけでは、まちがいなく部下の時間をどんどん奪ってしまいます。そういう上司は、自分が忙しいせいで周りの人や部下を待たせてしまいます。結局、その上司の忙しさをどんどん周囲や部下に伝染させてしまうのです。上司自身の時間管理、まずそこを見直すべきです。伝染者を防ぐには元を直さなければいけません。

第2章

部下を利用してしまう上司

「なぜ仕事ができる人ほど、ブラック上司になっちゃうの？」

仕事のできる上司は、部下に尊敬されるはずです。ところが、どの会社にも、個人としては優秀なのに、上司になったとたん「一緒に働きたくない上司」になってしまう人がいます。

会社としては「こんなに立派な業績を上げてくれた人間なんだから、いいリーダーになってくれるだろう」と期待していたのに、ブラック上司になってしまうのはなぜでしょう。

それには、いくつかの要因がありますが、もっとも典型的なのは、上に立ってからも、上に立つ前と同じ意識のままで上司としての仕事をしている人です。いつでも「自分が、自分が」という意識が強く、「わが課の手柄は、私の手柄」という気持ちが根底にあります。

そういう上司は、部下の目には「部下の手柄は自分の手柄と思っている上司」と見えてしまいます。上司自身は「部下のために指導し、会社のために尽くしている」と思ってがんばっていても、部下にすれば「私は上司の手柄のための駒なのか？」と感じてしまう。これほど不幸なすれ違いはありません。

そういう上司が、まず気づかなければいけないのは、「上に立つということは、いままでのように自分の能力を自分が成果を上げるために使うのではなく、部下のために使わなければいけない」ということです。優秀な成績を上げて自分がスポットライトを浴びるために仕事をするのではなく、部下たちにスポットライトを当てるための仕事をする。それが上司の仕事です。

個人として高く評価されてきた能力を活かして、部下たちを感化したり、成長させたり、動機づけしていく。それが上司の務めです。部下たちが「この人と一緒に働きたい」「この人みたいになりたい」と思う上司。それは「自分が、自分が」とは正反対、「部下が、部下が」、つまり、「私の上司は、私がポイントを稼ぐために考え、動いてくれる」と思われている人です。

どこの会社でも、仕事ができる人は、仕事が大好きです。そういう人が上司になると、「部下だって仕事が楽しいはずだ」と信じ込んでいます。とくに「熱血系やる気課長」のような人は、毎日、楽しそうに張り切って仕事をしていますが、それが往々にして部下にとっては、あまり喜ばしくない状況を作る原因になっている場合があります。そういう上司はブラック認定の危険性があるのです。

上司本人は、「会社のため、課のため、部下のため」と思って日夜がんばっているのに、そんな上司に何か指示されるたびに「それって、課長のためですよね」という部下の心の声がオフィスに鳴り響いている。そうなっているとしたら、どんなホラー映画よりも恐ろしい光景です。

では、上司自身は思ってもみなかったけれど、「それって、課長のためですよね」という部下の心の声が聞こえてくるシーンを具体的に示していきましょう。

部下の心の声 4 「それって課長のためですか?」

シーン1 「簡単に休日出勤って言いますけど」

「熱血系やる気課長」のような人は、常に仕事優先で物事を考えています。部下思いで、とてもいい人なのですが、「休日」「家族」「プライベート」ということの上位に「仕事」があります。本人はそれでハッピーかもしれませんが、その部下は、ときとしてハッピーではありません。

土日が近づいてきたある日のこと。

「悪いけど、あさっての土曜日、俺も出るから、一緒に休日出勤してくれる？」

そう声をかけてくる上司に「俺も出るからって、それ、理由になってませんから！」と言い返したいのをがまんして、しぶしぶ日曜出勤。

「いまどき、世の中で、こんなことさせるって、どうよ？」ということは、さすがに上司も頭ではわかっています。でも自分の中には「休日というのは会社を休むもの」という観念がないまま、ずっと生きてきたので、「これだけスケジュールが詰まっているんだから、土日にやるしかない」という習性が消えないのです。


実は、かつての私もそうでした。平日は多忙をきわめ、社内の人間や部下との打ち合わせなどをする時間は、物理的に土日しか空いていない。そこで「悪いけど、土曜日にやろう」ということに、どうしてもなってしまいました。

コンサルティング会社となると、国際案件は夜中の電話会議は日常的だし、海外のマーケットに対応したり大型のＭ＆Ａ案件だったりすると、３日間不眠不休で仕事をすることなど珍しくありません。そこに新しいプロジェクトを部下と一緒に始めようということが加わったりすると、部下に休日出勤をしてもらって進めるしかありませんでした。

コンサルタント会社や会計事務所、弁護士事務所といった、いわゆるプロフェッショナルファームは普通の会社に比べて、かなりの長時間勤務が常態化しています。経営者も社員も「この世界は、そういうものだ」と思って日常業務に取り組んでいます。曜日感覚などないかのように、ベテランから若手まで、ほとんど不平不満もなく激務をこなしている。それが当たり前だとみんな思っていると言ってもいいでしょう。

ところが、昨今の働き方改革の観点からすると、それではブラック企業ということになってしまいます。長時間労働をしている本人は平気でも、家族はそうではありません。そこであちこちの監査法人に労働基準監督署が入るような事態も出てきて、いま各プロフェッショナルファームは「36（サブロク）協定（時間外・休日労働に関する協定）にどう対応するか」ということに苦慮しています。大きな社会問題となった電通のケースも、これと同根でしょう。

私もそうした検討会議などにファシリテーターとして呼ばれる機会が増えてきましたが、もはや「この世界は、そういうものだ」とは言っていられないところにきています。「物理的に長時間労働になるのはしかたがない」という仕事だとしても、どこかで「時間を区切る」ということが必要です。

私自身、かつては「時間を区切る」ということができませんでした。仕事が詰まってくると、プライベートの時間を侵食していく。家族と過ごす時間などないし、部下にまで土日出勤を頼むという繰り返しでした。「そういう仕事だからしかたないんだ」と自他に言い聞かせていました。

しかし、いまは違います。「仕事とプライベートは別次元。相互不可侵。仕事が忙しいからと言って休日やプライベートを削ってはいけない」と思って、「時間を区切る」ということができるようになりました。

なぜそうできたのか。ひと言で言えば、否応なしに「ここで終わり」と区切ったからです。そうやって自分で区切りを決める。「これは○日の○時までに終わらせる」と自分で締め切りを作る。「○日は絶対に休む」と設定して、それまでに終わらせる。そうすると、いままでは終わらずに延々と続いていたものが、あるときから、スパッと区切ることができるようになったのです。

それは「区切る」という意識の問題だけでなく、「いつまでに終わらせる」という仕事の進め方やスキルをどんどん身につけていくこと。それによって、自分自身の生産性がアップします。2時間かかっていた仕事が1時間でできるようになり、1時間かかっていたことが30分でできるようになり、どんどん「自分の時間」が創出されていったのです。たとえば、パソコン入力のスピードアップや会議の短縮化、空き時間の有効活用といった努力と工夫が自分の時間を生むのです。

考えてみれば、これを当たり前にやらざるを得ない人たちは、とっくにそうして自分の生産性を上げて取り組んでいます。たとえば、育児休暇明けで仕事を再開して、時間が来たら子どもを保育園に迎えに行かなければいけない人。かけもちの仕事をしていて、どちらも外せないという人。親の介護と仕事を両立させている人。あるいは、自分が頻繁に通院治療を続けながら仕事をしている人……。その他にも各々の諸事情で「○時で終了」「○日は休業」と区切らざるを得ず、そのおかげで集中力や仕事力をつけてきた人がいるはずです。

明らかに働きすぎだったころの私は不定期的に体を壊して入院、周囲に迷惑をかけたものでした。「いかんいかん。そうなる前に休むことが、仕事のうえでも大切だ」と気づき、かならず休みをとるようになりました。そのとき、休んでみて気づいたのは「なんだ。休めば休めるじゃないか」という当たり前のことでした。

いま、「こんなに忙しいんだから休日出勤するしかない」と部下を巻き込んでいる人は「区切る力」を養いましょう。そして、かならず休みをとりましょう。「休めば休めるものだ」と気づけば、部下の休日を奪うこともなくなっていくはずです。

シーン2

「私も、昔は、いまの君と同じことをしてきたんだよ」

「来週月曜日の経営会議で私がプレゼンをしなくちゃいけないんだ。その資料作りを前日に仕上げたいから、悪いけど、日曜日、一緒に手伝ってくれる?」

金曜日の午後、課長が部下にそう言いました。

「え? それって、課長のためですよね。私の休みが、それでつぶれちゃうなんて、勘弁してくださいよ」

そう心の中で叫びながらも、日曜日に出社。指示されたとおりに一生懸命に資料を作っているとき、ふと課長の席に目をやると、会議の資料作りとは別の仕事をしているようです。要は、自分の資料作りを部下に丸投げしているわけです。

部下の視線に気づいた上司は、まったく悪びれずに笑顔でこう言いました。

「私も昔は、いまの君と同じように日曜日に呼び出されて、課長の会議の資料を作らされたもんだよ。そうやって俺も仕事ができるようになっていったんだ。そのおかげでいまの私があるんだよ」

そんなことを日曜日のオフィスで、したり顔で言われたら、「一緒にするな!」と言い返したくなるというものです。

しかし、この上司と同じ気持ちで部下に接している人は少なからずいます。気をつけましょう。それも「自分自身は部下思いのホワイト上司だと思っているのにブラック上司になってしまっている人」の特徴の1つです。つまり、「自分はこうやって上司に育てられ鍛えられてきたからこそ、こうして成長できた。だから、いま自分は部下をこうして育ててあげているのだ」と信じているわけです。

たしかに会社員の世界には、継承していくべき事柄もたくさんあります。若いときに上司から理不尽な指示をされたことが、あとになって「あの経験が役に立った」「あとになって、あの意義がよくわかった」ということもあります。だからといって、自分が経験させられたことをそのまま押しつけても、部下にとっては「意味不明」「理解不能」で終わってしまうこともあります。

これまで述べてきたように、働き方改革の肝は時間管理です。部下にすれば、「それって課長のためですよね」という仕事をさせられるおかげで、自分の時間管理が破綻するような事態が続くような職場は「ブラック上司によるブラック企業」です。これでは、働き方改革など望むべくもありません。

「俺も昔は、こうだった」という感覚で部下の指導にあたるのは、時代の要請と逆行する危険があります。そこへの注意を忘れると、ブラック認定に近づいてしまいます。

Point　ブラック上司返上！のための処方箋

①オンとオフの時間を「区切る力」を養う
②「昔はこうだった」の感覚を部下に押しつけない

部下の心の声5
「それって、うちの仕事でしたっけ？」

シーン1　〝子猫〟を拾ってくる課長

「この仕事、うちの課でやることにしたから、よろしく頼むよ」

「え！　課長、また子猫を拾ってきたんですか⁉　困りますよ」

「ごめん。もう、やるって言っちゃったから……」

これは、あるイベント企画会社のマーケティング部の課長と部下のやり取りです。この課長は、数年前に私のセミナーで研修を受けた人で、とてもやる気のある「張り切り課長」です。ただ、課の本来の業務を逸脱するような仕事まで安請け合いしてくるので、部下は仕事が増えるばかりのようでした。

マーケティング部というのは、どの部署ともひと通りかかわっているので、この課長は、いつも社内をくまなく歩き回っています。そこで、ひとたび自分の席を離れてあちこちの部署を覗いては、「じゃあそれ、うちでやりますよ」と、また新たな仕事を引き受けて戻ってくる。課長本人は「相談されたからには受けてあげよう」と思っているのですが、向こうは「こういうことがあってさあ」と何気なく話しただけのこと。それでも「よっしゃ！」と安請け合いしてくる。部下にすれば、「それって、うちの仕事じゃないでしょ。しかも、やるのは課長じゃなくて私たちでしょ」と言いたくなるところですが、「また余計な仕事を持ってきた！」とは言わずに「また子猫を拾ってきた」という表現をしているところが素敵な会社です。

子猫という愛らしいたとえにしているぐらいだから、部下たちは、その仕事が嫌なわけではないのです。たしかに関連する業務といえばそうだけれど、本来の仕事が山積しているのだから、これ以上、引き受けたとしても満足な成果をあげられるとは思えない。仕事には優先順位というものがあります。

それに気づいた彼は、もう子猫を拾ってくることはしなくなりました。最近、彼に会ったとき、こう言っていました。

「もう子猫は拾わないようにしています。でも『この子猫は虎に変身する可能性がある』と思うときは拾うようにしています」

「なるほど。でも化け猫に変身する場合もあるから気をつけてくださいね」

彼は困っている人を見ると放っておけない。いいヤツなのです。しかし、一個人ならば感謝されても、課長の立場でそれを続けていると、部下にしわ寄せがいくことになります。そうなると、「あの課長は、だれにでも、いい顔をする」と思われて、結局は「それって、課長のためですよね」と思われてしまいます。

シーン2 噴水課長

熱血系やる気課長のなかには、子猫を拾ってくるだけでは飽き足らず、他の部署の仕事が遅々として進んでいないと見るや、自分の課でどんどん進めようとする人がいます。

「あの件は、早く進めるべきなのに、あの課に任せていると一向に進まないから、うちでやろう」
そういって業を煮やし、自分の課で突っ走ってしまう。その結果、あちこちに火の粉が飛ぶほどの深刻な被害は出ないけれど、あちこちの課に〝噴き出した水〟がかかってしまう。これぞ、噴水課長です。

速きこと、風のごとし。つねにスピード感を大切にしている噴水課長は、停滞が一番嫌いです。よその部署が手をこまねいているのを見て、がまんできずに垣根を超えて攻めていこうとするのです。

たとえば、商社の別々の部署が、同じ顧客（企業）の別々のプロジェクトに参画していて、その企業がさらなるプロジェクトを立ち上げようとしているケース。あるいは、地域ごとのブロックに分かれて顧客の拡大を図っている会社の営業部が、地域をまたがって大規模な事業展開している企業に営業をかけているケース。

こういうケースでは、他部署の管轄や役割分担に応じて適宜、連携を図って進めていくわけですが、噴水課長の目には「ちっとも進んでいないじゃないか」と映っている。「こうなったら、俺が攻め落としてやる」と攻め込んでいきます。

しかし、物事には手順があるし、それぞれ深い事情もあります。政治的な問題があったり、顧客の内部事情が絡んでいたりします。それを表面的には動いていないからといって

「進んでいない」と見るのは、やはり早計です。

こういう噴水課長のフライングによって、あちこちに水がかかって、顧客にも他部署にも迷惑がかかって失注してしまうという例をいくつも見てきました。よかれと思って突っ走った噴水課長の部下の努力は、結局は報われません。

噴水課長は個人としては、こういう独断専行的なやり方で成績をあげてきたという自信があります。しかし、課長となれば話は違います。自分が見えている景色だけで判断するのではなく、「自分が見えていないことにこそ深い事情があるはずだ」ということに目を向けなければいけません。

「私たちは、この上司についていって本当に大丈夫なのか？」

そう部下を不安にさせるブラック上司にならないためには、自分の時間軸だけで動いたり、自分の目を信じていたりするだけでは部下の仕事を徒労に終わらせてしまうということを忘れてはいけないのです。

シーン3　やる気課長の「やる気」が元凶

熱血系やる気課長のテンションは、課の仕事がうまく回っているときは、みんなに好影響を与えますが、業績が低迷気味のときには、むしろその反対。やる気課長のやる気こそが業績低迷の原因になっていることもあります。

そういう上司は、一個人としては優秀な成績を上げてきています。ところが、課長になってからも、同じように「熱血やる気テンション」一本では、部下が参ってしまいます。

たとえば、部下がプレゼン用の資料を作っていると見るや「もっとこうすればインパクトが出るよ」と手を出してしまう。部下が顧客との交渉に手間取っていると、自分が先方に掛け合って話をまとめてしまう。そうやって自分が課長まで昇進してきたという自信も実績もあるから、「もっとこうすればいい」ということが見えて、そのたびに手も口も出す。これでは部下は育たない。何もできない。そして、辛い。

チームリーダーとしての評価は、一個人のときと大きく変わります。やる気課長個人のパフォーマンスではなく、チームのパフォーマンスに変わるのです。早くそれに気づかなければ、ブラック上司への道一直線です。まず、自分と同じ熱量を持って仕事をする人のほうが少ないことに気付かなければいけません。全部自分でひったくってやるようなことをしていると、部下のやる気は逆に下がり、チームが停滞します。結局チーム全体の仕事が遅くなるし、多くの人が指示待ちになります。

たとえば、個人成績を上げるべく「中間決算に向けて最後の追い込みだ」と自分にムチを入れて売り上げ目標を達成してきた感覚で、課全体にムチを入れたらパンクします。
ましてや「さあ、いまこそ勝負だ」と業務を拡大したり新規事業を立ち上げたりしたら、ただでさえ忙しい課の仕事が限界を超えてしまいます。そうなってくると、全員、手いっぱい。やる気課長自身も手いっぱい。これが「集団皿回し」状態です。部下も課長も自分の皿を回すのがやっと。チームの中で具合が悪そうな人がいるのが見えても助けられない。自分の皿が落ちてしまうからです。こういう状態になると、何をやろうとしてもうまくいきません。

だれか具合の悪い人がいたら助けに行ってあげる。だれかの皿が落ちそうになったら自分の手を一度止めて助けてあげる。そういうチームワークがとれなければチームは崩壊します。その体制を作るのが課長の務めなのです。自分のやる気のまま突っ走っても、だれもついていけません。チーム全体を見渡す目を持ち、いつでもスタッフの皿が落ちないようにしてあげるのがリーダーの仕事なのです。

シーン4 自分の研修課題の下請けをさせる

ある総合商社の管理職にある人が、私のセミナーに研修を受けに来たときの話です。

その人は、執行役員の一歩手前ぐらいの位置にいました。研修の内容は、「5年後〜7年後に、自分が経営者になったとしたら、どういう会社にするか」というテーマで半年間、研修を続けるというものです。つまり将来のトップリーダーにふさわしいかどうかをある程度、この時点で測るというハイレベルなものです。

過去から現在に至るまで、会社はどういう状況にあるのか。問題点は何か。自分ならどう改善するか。そして、5年後、会社をどうするか。さらにその先、会社をどうしていくべきか。会社の歴史から現状分析、そして、日本経済の見通しの上に立った将来へのビジョン。そうしたことを綿密に調べたり考察したりして課題をまとめ上げるのは相当に難題です。

たとえば、PEST分析という課題もよく出します。P＝Politics（政治的要素）、E＝Economy（経済的要素）、S＝Society（社会的要素）、T＝Technology（技術的要素）という4分野のマクロ的な環境から会社が受ける影響を分析していくというものです。これから5年先、10年先にどんなことが起きて、それが自分の会社のビジネスにどういう影響を与えるかを考える。そのうえでエビデンスまで用意してくるという課題です。

この難問に一生懸命に取り組んでいるであろう、研修生の健闘ぶりを覗きに行こうと彼の会社を訪問してみました。すると、彼の部屋で見覚えのない若い社員たちが資料作りに励んでいました。私の姿を見るなり、彼らはさーっと散っていきました。どうも様子がおかしいと思って、ふと見るとPEST関連の資料のようです。私は1人を呼び止めて聞いてみました。

「これは何のためにやっているんですか?」

「はい。部長が取り組んでいるのを見て、とても面白そうだったので、お手伝いをさせてくださいとお願いしたんです。これはとてもいい勉強になります」

咄嗟にそう答えてくれましたが、どう見ても部長の指示でやらされているとしか思えません。要は部下たちに自分の研修課題を丸投げしていたのです。実は、こういうことを部下にさせる人が案外、多いのです。これではトップリーダーを目指すためのいい研修にはならないし、頼まれた部下にすれば「なんでこんなことをしなくちゃいけないんですか?これって上司のためですよね」という仕事でしかありません。

研修課題の他にも、何かというと自分のラインの若い社員たちに自分のための書類作成や雑事をさせたがる人は「そのぶん彼らをしっかり引き立ててやっているから」という思いがあるのかもしれません。しかし、これは旧来型の派閥の親分子分意識のようなもの。いまどき、そんなことで部下を拘束するのはブラック認定の可能性大です。

Point ブラック上司返上！のための処方箋

①「いい人」になって仕事を安請け合いしない
②他部署の仕事にお節介しない
③自分のテンションで部下を巻き込まない
④親分・子分の意識を持ちすぎない

部下の心の声 6

「なんで上にすぐ報告しないいんですか？」

部下が上司を見ていて、もっとも残念だと感じるのは、上司のそのまた上司に対する対応が残念なときです。そのなかでも、「それ、すぐに上に報告すればいいのに、なんでしないいんですか？」というのは、非常によくあるケースです。

ケース1 **悪い情報を隠そうとする**

自分の評価が下がるのを恐れて、なんとかこの悪い状況を好転させてから報告しようとして悪化の一途をたどる。

ケース2 **自分が完全に理解していないと上に報告しない**

上に突っ込まれて説明に窮してしまう事態を避けている。自分がすべて把握して理解してから報告しようとしているうちに状況がさらに悪化する。

この〈ケース1〉、〈ケース2〉は、最近、立て続けに起きている大手企業の偽装事件の原因の1つになっています。現場にいる部下たちは「これはマズイ。早く上に報告して公表するべきだ」と思っているのに悪い報告を上にしたがらない人たちのせいでトップになかなか上がっていかないのです。

たとえば、自動車メーカーが無資格の従業員に新車の検査をさせていた問題で、私があるメーカーの人たちから話を聞いたときに実態として見えてきたのは、会社がメーカー基準として定めていることと、現場の人たちの合理性が一致していないということでした。それがまったく社内の上層部には見えていなかったのです。

会社としては、メーカー基準の資格がある人が検査をしているという認識でした。ところが、現場では、資格は取得していないけれど、有資格者よりも知識も技術も上のベテランが検査をしているから、わざわざ力の劣る有資格者にさらなる検査をさせるのは二度手間でムダだと考えていたのです。熟練のベテランが適切に検査をしてさえいれば、資格の有無など問題ではないというのが現場の長年の慣習だったというわけです。

しかし、その実態を上層部は把握していませんでした。つまり、メーカー基準と現場の作業手順が合致していないことによる大きな問題にトップが気づかないまま生産を続けていたのです。

同じようなケースが、外資の製薬会社でもありました。製薬会社の製造工程というのは、すべて厳密に同一で行われるように決められていて、同じ時間で同じ質量の製品を生産しなければいけないと定められています。そこから少しでも逸脱すると生産はストップし、その製品はすべて廃棄処分されます。

その厳格な工程の中で逸脱が多発し、生産量が間に合わなくて市場に商品供給できなくなるという問題が起きました。これが厚生労働省から呼び出しを受けるに至りましたが、なぜそんな事態になったかという原因をトップは把握できていませんでした。

しかし、かねてから現場では、それ相応の理由がはっきりとわかっていました。設備が古かったのです。老朽化した機械を補っていたのが、熟練工の職人技でした。彼らがその日の気温や湿度や製品状態の塩梅を見ながら作り上げていたのです。ところがこれは外資の品質管理担当者から見れば「余計なプロセス」であり「逸脱」ということになります。つまり、ここにもメーカー基準と現場の論理に乖離があったのです。

たしかに現場は、会社が決めたことを守っていませんでした。その原因は、古い設備の中で生産を続けるための苦肉の策を続けていたことです。そういう現場の実態を把握して改善するためには、現場の問題点をいかに早く上に報告するか。つまり、現場担当の中間管理職が、現場の問題点をしっかり把握して早く上層部に報告する必要があります。

会社としてトップが決めた規定と現場の事情にギャップがあったら、その間にいる人の迅速な対応が求められます。そこで「いやあ、これにはいろんな事情があるから」と言っている間に時間が過ぎていけばいくほど問題は深刻化します。そうなる前に報告するべきだということをあらゆる職種の現場の部下たちは知っています。「なんで上にすぐに報告しないんですか」という部下の心の声は、あらゆる上司が聞き漏らしてはいけない声なのです。

シーン3　その場しのぎのツケが回ってきて、報告しようにも報告できない

その場しのぎを繰り返してきたため、だんだん辻褄が合わなくなり、上に説明のしようがなくなって、報告できずにいる上司ほど残念な上司はいません。

たとえば、課長が「うちの課では、これだけ売上を上げます」と事業計画で打ち出した数字が、部下の目にはどう見ても現実的な話ではありません。課長としては、上からのプレッシャーもあって、とにかく数字を作って、「これだけやります」と言えば、そのときは、一時的に上から評価されます。でもそんなものは、その場しのぎでしかありません。

当然、その数字は現場の部下たちに回ってきます。しかし、そんなものを割り振られても困ってしまいます。

「その場しのぎ課長」にかぎって、「いや、これは、とりあえず上に出しただけだから。君たちは、やれることをしっかりやってくれればいいんだ」というようなことを最初は言います。

ところが、3か月たち、半期が過ぎということになってくると、その場しのぎで出した

計画に課長が追い立てられてきます。すると上からのプレッシャーをそのまま下にかける。これが、その場しのぎ課長のパターンです。

その場しのぎというのは、その場はしのげても最後には、しのぎきれなくなってしまいます。けれども、本来、「しのぐ」というのは大切なことです。苦境を何とか乗り切るには、「とにかく何とかして、ここをしのぎきる」力が必要です。最後までしのぐためには、その場をどうするか。苦しいときこそ、「その場しのぎで一時的に楽になるより、いまは苦しくても最後までしのぐための計画を立てよう」という「しのぎ課長」になりましょう。

Point ブラック上司返上！のための処方箋

①上へ報告したくないことは遅れるほど悪い事態を招くと心得る

②「その場しのぎ」ではなく、中長期のアングルを持つ

部下の心の声 7

「要するにマイルのためですか?」

上司の動きが怪しい……

全国で事業展開している会社のある部長は、部内の案件で何かトラブルが発生すると、すぐに自ら飛んでいきます。部下がミスしたり困ったりしていると、「わかった。俺が行くよ」とフットワークも軽く出かけていく。部下にとって、こんなに心強い上司はいません。課長たちも「上司たるもの、かくあるべし」と思っていました。

ところが、この部長の行動を見ると、北海道や九州で問題が起きたときには、すぐにでも飛行機に飛び乗って行くのに、都内の件だと、どうも動きが鈍い。よくよく見ると、自分のマイルが貯まるところにしか出かけていこうとしないのです。さらによく見ると、「その四国出張、部長が一緒に行く必要ある?」というものも結構あります。これぞ、マイル部長です。

部下にとって、自分のフォローをしてくれる上司は、もちろんとてもありがたい存在です。しかし、「それって部長のマイルのためですよね」ということが見えてしまうと、ありがたみも薄れます。

部下のために、わざわざ遠くに飛んでいって部下が助かるなら、マイルぐらいは貯めてもいいと思います。でも、それならせめて都内で部下が困っているときには、マイルは貯まらないけど飛んでいくところも見せてあげれば、部下も「マイル部長でもいいです。いつも助けてもらっているから」と思ってくれるかもしれません。

Point　ブラック上司返上！のための処方箋

①隠しておきたい思惑は行動でバレるものだと思っておく

第3章

風見鶏な上司

部下の心の声8

「上と下とで態度が違いませんか？」

ヒラメ上司と風見鶏課長

社長でもないかぎり、上司には当然その上司がいます。そこで、下の人間というのは、直属の上司が、そのまた直属の上司に対してどういう態度かということをよく見ています。「ブラック上司か、ホワイト上司か」という認定は、そこに露見することと多分にかかわっています。中間管理職のなかで、もっとも下をがっかりさせるのは、上に対する態度と下に対する態度がまったく違う人。いわゆるヒラメ上司です。

そんな態度をあからさまに部下に見られたら信頼されないということぐらい上司はわかっています。そこで、上にも下にも信頼される人間であるためにはどういう態度をとるべきかをよく考えて行動しているはずなのですが、下から見れば「あの課長は上の顔色ばかり見ている」と思われていることが多いのです。

その原因は、どちらにもいい顔をしようとして結局は信頼を失ってしまったり、言うことがコロコロ変わったりする。あるいは、いつも部下の味方であるかのような言動を示しているのに、肝心なところで上司自身の保身が垣間見える。部下を利用しているように感じられる。しかも、上司自身はそんなつもりがないのに、部下からはそう思われているという不幸なパターンが少なくありません。つまり、「よかれと思っての言動が、逆に部下の信頼を失っている」のです。これは何とか改善しなければいけません。

明らかなヒラメ課長ではないものの、どの会社にも多いのは「風見鶏課長」です。自分を取り巻く風向きが変わるたびに、あちらを向いたりこちらを向いたりして、いつもクルクル回っているのです。

しかし、こういう風見鶏が、かならずしも悪いことだと言うのではありません。どの世界でも風向きは、つねに変化します。その風をどう読んで、どちらに向かって進んでいくかという察知能力は、ビジネスの世界においても会社においても大切な力です。

そうやって風向きに応じて身を処していくときに、「自分可愛さ」で向く方向をコロコロ変えているのか。それとも利己的な理由ではなく、会社や部署や部下のための対応なのか。そこがホワイトか、ブラックかの認定基準の分かれ目です。

その線引きを明確化するために、各会社の中間管理職にありがちな言動の中で、ぜひ注意しておくべき具体例を挙げていきたいと思います。

タイプ1　逆さ剱山《けんざん》

生け花で使う剱山は、上に向かって針がそびえ立っていますが、上を刺すのではなく下を刺す。針が逆さに向いている逆さ剱山。つまり、上に針を向けるようなことは一切せず、もっぱら針が下に向かってくる。これが逆さ剱山上司です。

「生産性を上げるためには、下に対して厳しくしなければならない」と思っている一方、上に対しては、なんでも「Ｙｅｓ」。「部下を守るためには上司とでも戦う」というようなことなどする気もありません。上のためなら平気で下を刺す。それが「会社という縦社会を機能させて生産性をあげる方法」だといまだに信じているのですが、それを理解して上司の犠牲になってでもついていこうとする部下は、いまやほとんどいません。

タイプ2　上司の難題を部下に実現させる

上には絶対服従で、下には厳しくする人。やっていることは、逆さ剱山なのですが、その心は「上がやりたいと思っていることは、どんな無理難題でも実現してあげたい」というグッドウィルです。それが「上のためであり自分のためであり下のためだ」という強い思いがあります。

しかし、それが上司の信念だとしても、そんな難題をふっかけられる部下のほうは、たまったものではありません。その上司が上から突き付けられた難題を部下に実現させようとしている。上司の思いがどうであれ、上司から部下への指示は逆さ剱山と同じように厳しいし、上と下に対する態度がまったく違うところも逆さ剱山と同じなのです。

タイプ3 「この修羅場を乗り越えてこそ成長する」という信念がある

上からの要望がどんなに困難なものであっても、それを下に強いる人は、自分もかつて同じことをやらされて、それを一生懸命に乗り越えてきた経験があります。個人としては優秀な人ほど、そういう修羅場をたくさんしています。

「そのおかげで、いまの自分がある。この無理難題を乗り越えなければ成長できない。だから君たちもがんばってくれ」

上司は心の中でそう思っています。しかし、残念ながら、部下にはそれが伝わりません。

では「心の中で思っているだけではなく、言葉にして伝えれば部下はがんばってくれるのか？」といえば、さらに残念ながら、それもあまり期待できません。そういう困難に立ち向かうことが大事だという価値観は通用しにくくなっています。

修羅場は、まちがいなく人を成長させます。とんでもない困難にぶち当たり、自分のこれまでの経験や知識をすべて注ぎ込み、あらんかぎりの方法を考え抜き、全力を尽くしてもどうにもならない。つまり、いまの自分の実力ではどうやっても解決できない。それが修羅場です。しかし、何とかしてそれを乗り越えれば、かならず成長できます。

私自身もそう信じています。有望な人ほどそういう経験をさせるべきだと思っています。ただし、そこには条件があります。この修羅場体験は、だれにでも通用する修行の道ではありません。昔はいざ知らず、いまはそんなことをさせたら壊れるか逃げるかするしかない人が少なくありません。どういう人なら修羅場を経験させて成長の糧にさせることができるか。それは「将来はトップマネジメントに行きたい」という強い気持ちがある人です。同じ中間管理職の人でも、「自分はトップを目指す気はない。そこそこでいい」という人に修羅場を経験させても「これを乗り越えたおかげで、ここまで上り詰めた」というハッピーエンドにはなりえません。

修羅場を乗り越えて成長する人とは、無理難題に見舞われたときほどモチベーションが上がる人です。厳しい状況になればなるほどファイトが湧いてくる人です。無理難題を部下に与える人は、そういう人が多いのです。だからこそ「自分がそうだから、部下もそうであるはずだ」と思いがちですが、そうではないのです。それに気づけば、「自分がこうやって成長したから部下も」というのは当たっていないことがわかるはずです。

タイプ4 上に従順な人ほど、下にキレる

上司自身は、「かつては自分も逆さ剱山で育てられた」という経験がある。しかし「いまどき逆さ剱山が効く部下は、ほとんどいないよ」ということを頭ではわかっています。でも、上から自分へのプレッシャーは、かつてのまま。だからといって、上に剱山を向けることなどよもやできない。それでもまた上から無理難題を突き付けられると、通用しないだろうと思っていても下にそれを突き付けるしか方法がなくなってしまう。そこで、挙句の果てに部下にこう言われるのです。

「こんなの無理ですよ。なんで上に無理だとはっきり言えないんですか」

「うるさい！　無理だろうがなんだろうが、やれといわれたらやるしかないんだよ！」

ついにそうキレてしまう。内心では部下の言うとおりだと思っているので、指摘される

と余計に辛い。かといって上にキレるわけにはいかないので、下にキレる。高まった内圧を下に向けて爆発させてしまうというわけです。

自分は無理難題を乗り越えて成長してきたし、困難な状況のときにこそ、がぜん、がんばれたはずなのに、なぜこの部下は違うんだ。いつからこんなことになったんだ……。

たしかに有名な企業でトップリーダーになるような人たちには、「修羅場こそ力が出る」というエネルギーがあります。同じぐらい優秀な人でも、それがない人はトップにはなれないと言ってもいいでしょう。逆さ剱山上司にすれば、「自分も同僚たちも、それを目指してがんばってきたし、会社もそうやって伸びてきたじゃないか」という思いもあるでしょう。しかし、そこまでいくずっと手前の段階で「無理難題は too much です」という人が増えたという現状を認識するべきでしょう。

そうすれば、無理難題を要求したり、逆さ剱山を指摘されてキレたりすることもないはずです。

Point　ブラック上司返上！のための処方箋

①「生産性を上げるには下に厳しく」という信念を捨てる
②修羅場体験がマイナスになる部下もいると認識する

部下の心の声9

「ミスター知らんぷり」

風見鶏課長は、しばしば、風向きが悪くなると知らんぷりをしたり、その場から消えたりします。見て見ぬふりをして、だれかがなんとかしてくれるまで消えたまま。風向きがよくなるまで知らんぷり。これぞ、ミスター知らんぷりです。

ケース1 メールを知らんぷり

やっかいな案件について、CCで送られてきたメールを見ても、意識的にスルーして、とりあえず様子見で、自分は動かない。今後、○か×か、どっちに転ぶかまだわからないことに対しては、態度を鮮明にしない。上や下に口頭で言われると「メールをよく読んでいなかった」「CCだったから、あえて返事はしなかった」などと言い訳をする。

ケース2 **面倒くさい部下が問題行動をしても知らんぷり**

いつも他のスタッフを困らせてばかりいる部下がいるのに「あいつに何か言うと、また面倒くさいから」と放置している。スタッフ同士で注意しても改善せず、「課長、なんとかしてくださいよ」と詰め寄られても「まあまあ」という態度を続ける。

ケース3 **難しいお客様が来ると、スーッといなくなる**

あるホテルに実在したマネージャーのケース。普段は面倒見もよく、いい人なのに、やっかいなクレーマーや反社会的組織の一員が来ると、かならずいつのまにか消え去るので、部下が応対せざるを得なくなる。

ケース4 **自分がいないほうが部下の問題解決能力が鍛えられると思っている**

ミスター知らんぷりには「自分がいないことで部下のチャンスが生まれる」という考え

を持っている場合があります。スポーツの世界でも、エースがケガをして急遽、代わりに出なければいけなくなって、そこで活躍したおかげで本物のエースに育っていくことがあるのと同じです。

あえて知らんぷりをしたり、その場からサッといなくなったりして、部下に1人でやらせようとしている。「これは問題解決能力をつけるチャンスを与えるためだ」と思っているのです。

それは、ある意味で正論です。私自身も、そのおかげで鍛えられたし、部下にそういう機会を積極的に与える場合もあります。しかし、その意図が部下に理解されなければ、ミスター知らんぷりはブラック上司でしかありません。そういう上司の狙いも知らず、「またこっちに押し付けてる」と思われているブラック上司が、案外、多いのです。そういう人の処方箋は、こうです。

Point ブラック上司返上！のための処方箋

①「この部下は、何とかこの難局を乗り超える力を秘めているはずだ」という見通しを持ったうえで、事に当たらせる。

②「知らんぷり」はしても、ちゃんと見守る。

③部下が、火に油を注ぎそうな事態になったら、すぐに火消しに飛んでいく。

こうした対応がないまま、ただやらせているだけでは、「わが身可愛さのミスター知らんぷり」と見られてしまいます。

「あえて部下に1人でやらせる」というときに非常にありがちなのが、部下が対応する相手に、上司から一切のアナウンスがないまま、部下だけをポーンと現場に送り込んでしまうことです。

たとえば、顧客に起こった問題の解決に当たらせるという場合、上司がやるはずだったのに、いきなり部下を送り込むと、顧客は「え？　なんであなたが来たの？」と思います。そういう疑問や不安をあらかじめ相手に与えてしまうと、ハードルが急に高くなって、解決が難しくなってしまいます。

そういう場合は、ひと言、上司から「行けなくてなって申し訳ありません。代わりの者は私がもっとも信頼している人間なので、安心しておまかせください」と伝えておくだけで、顧客の不安は消え、部下のプレッシャーは減らせます。

問題解決であれ、難しい営業であれ、急に指名されて不安になっている部下に、そういうフォローもなく、ただ丸投げすると、部下の不安は増幅してしまいます。「何かあったら助けてくれる上司がいる」という安心感を与えつつ、難局に送り出すことが大切です。

知らないフリをして自ら気づかせる

上司が知らないフリをしたほうが、部下にとって、いい気づきを与える場合があります。

上司のほうは、よかれと思って「自分が知っていることは何でも教えてあげよう」としていることが、実は部下の成長を妨げてしまうことがあるのです。

上司のほうが部下よりも知識と経験が豊富で、会社の仕事にかかわることなら何でもよくわかっているのは当たり前のことです。しかし、だからといって、1から10まで全部、上司が教えたり説明したりしてしまうと、部下のアウトプットは増えません。上司が知らないフリをしていたほうが、部下が自発的に調べたり提案してきたり説明してくれたりしやすい環境が生まれます。

とくに、いまの仕事には直接つながらないけれど、多少の関連性があったり、あるいは、一見、まったく業務と関係なさそうな話題について、部下が何か話しかけたとき。実はその話題についても上司が豊富な知識を持っていて、「ああ、それはねえ……」と延々と詳しい解説をしてくれる。こうなると、もう部下が何か話を差し込むことなどできません。部下は黙って上司のご高説に耳を傾けているしかありません。これでは、上司のほうは、よかれと思って情報提供しているつもりでも、周りから見れば知識をひけらかしているように感じられてしまいます。

もし上司が何も知らないフリをして、部下にその解説を任せたら、部下の興味関心の方向性や得意なことや強みを知ることができたはずです。かりに仕事に関連性のある話だったら、上司が何でもかんでもしゃべってしまうのではなく、部下の話に耳を傾けてみる。そのうえで、質問をしたり、さらに考えが深まるようなヒントを出したりして、話の展開を広げたり新たな発展性を見出すための気づきを与えることができます。

知らないフリをして相手に話をさせて気づきを与えるというのはコーチングの基本です。こちらが何でも話してしまうと、相手は何もしゃべれなくなってしまいます。

実はコンサルタントの世界でも、A級のコンサルタントとB級のコンサルタントの違いはそこにあります。どちらも同じように優秀なのですが、どこで差がつくかと言えば、「話を聞く人」と「自分が話す人」の差です。

B級のコンサルタントは、いいことをいっぱいしゃべります。聞いているほうは頷いて聞いていますが、顧客にはなってくれません。一方、A級コンサルタントは、相手の話を聞きながら「へえ、そんなことがあるんですか。それは珍しい」などと言っている。すると、相手はどんどん気持ちよく話し続け、会話の8割以上は相手で、コンサルタントは2割も話していない。それで顧客契約をまとめる。それが優秀なコンサルタントです。自分を相手の下に置ける。自分を押し殺すことができる。それができるかどうかがA級とB級の分かれ目の1つなのです。

それは上司の心得としても同じことが言えます。自分が得々としゃべってしまう人よりも、何も知らないフリができる人のほうが部下を育てます。よかれと思って自分の知識を前のめりで披露する上司よりも、「え？　それ何？　教えてよ」と言える上司のほうが部下は伸びる。これぞ、いいミスター知らんぷりです。

部下の心の声10
「ここぞというときに、いませんよね」

ミスター知らんぷり上司は、往々にして、「ここぞというときには、いつもいない」と部下に思われています。「こんな大事なときこそいてほしいのに、肝心なときにかぎっていない」と思われている上司は、こういう人たちです。

シーン1　いま決めないといけないときにオフィスにいない

きょうまでに決めなければいけない事項がある打ち合わせや会議は、いつも出張や別件の商談で欠席する。どう見ても、向こうのほうがこっちより大事な件だとは思えないのに、いない。

シーン2　難しい顧客との打ち合わせのときに、どうでもいい会議に出ている

トラブルの火種を抱えている顧客との打ち合わせや破談の可能性がある顧客との商談を避けるために、その日時を狙って別件を入れている。後々トラブルや失注になったときに「自分はそこにいなかったから」「かかわっていないから」「聞いていなかったから」というエクスキューズにしようとしている。

シーン3　部下が「来てほしい」と思っている席に出ない

上司がいてもいなくてもいい打ち合わせは出てくるのに、上司にも聞いてほしい話がある打ち合わせにかぎって出てこない。飲み会でも、「いい機会だから、この飲み会のときにぜひ聞いてもらおう」という話があるときにかぎって欠席する。ここぞというときにいない上司は、「いまこのタイミングでじっくり話したら、きっとあの話になる」ということを察して逃げの一手をとる。

「自分をわかってほしい」部下の気持ちにこたえる

確信犯で逃げている人は、うまく逃げているつもりでも、完全に部下に見透かされています。いつまでも逃げ続けられるわけではないから、少しでも早く出ていくことです。

もっと問題なのは、部下の目には「ここぞというときにいない」と見えていても、上司にはやむを得ない事情があってそうしている場合があります。つまり、よかれと思ってそうしているのにブラック上司になっているケースです。

上司には立場上、即答できない問題もあるし、いまはひとまず沈黙や保留にしている場合もあります。しかし、それは日ごろから上司と部下の信頼関係があってこそ通用する姿勢であって、部下のほうは「いてほしい」「聞いてほしい」と思っているときに、ただただいないというだけでは、部下にとってはブラック上司です。

その背景に信頼関係を築いておくために大切なのは「1対1の関係」です。上司と部下という社内的な仕事上の関係だけではなく、「1人の人間対1人の人間」という関係性が必要です。とくに近年の若い社員は、上司に対してもそういう関係性を求めている傾向があります。

それは、SNSやFacebookに慣れ親しんで育ち、日常生活の一部になっている世代の特徴だと私は見ています。SNSにおける自分の存在感を意識することと、社会や仕事における自分の存在感を意識することが別々の次元ではない。周囲との結びつきということを重要視している。その背景には、「自分のことをわかってほしい」「自分の存在をちゃんと認めてほしい」という心理があるのだと思います。

つまり、上司に対しても「自分のことをわかってほしい」という気持ちがあり、「自分はこういう人間であり、こういう仕事に対して、こういうふうに取り組んでいるということを理解して見ていてほしい」という思いが強いように見受けます。

ＳＮＳなどないときに社会人として育った世代の上司にすれば、「そんなことをいちいち確認したり話したりしなくても、ちゃんと見ているし、存在を認めているよ」「言わなくたってわかるだろう」「一緒に一生懸命仕事をしていれば、ちゃんとお互いに理解できるじゃないか」と思うかもしれません。しかし、部下にすれば、言われなければわからないし、話をしてもらったり聞いてもらったりしなければ不安になるのかもしれません。

こういう部下と上司が信頼関係を築くための処方箋は、人間同士の1対1の人間関係を築くことです。それは、お互いが考えていることを話し合う時間を作るということです。お互いに忙しい時間に長時間にわたって話し合う必要はありませんが、部下が不慣れなことを依頼したり、難しい仕事を頼んだりするときや何か問題が起こったときには、かならずコミュニケーションをとるようにすればいいのです。少なくとも「これぐらい言われなくてもわかるだろう」「俺だってこうして育ったから」と思い込むのだけは危険です。

Point　ブラック上司返上！のための処方箋

①「大事なときにいつも逃げている」ことで部下の評価が下がっていることに気づく
②部下と「1対1の人間関係」をきちんと作る

部下の心の声11

「話をすり変えてません？」

ケース1　嫌われたくないから相手に合わせて話を変える

いつでも目の前の人の意見に賛同を示す。内心ではどう思っていようとも、その場では決して反論をしない。A案を唱えている人の前では、A案に同調し、B案を唱えている人の前ではB案に同調する。両者の前で意見を求められると、両論併記しつつ、風向きによってその場その場で話をコロコロ変える。

Point　ブラック上司返上！のための処方箋

①風見鶏と陰で言われ、評価が落ちるリスクを考える
②内心賛同できないときは「そういう考え方もあるよね」と言うにとどめる

ケース2 上に同調して話を変える

ある飲食チェーンを展開している会社のケース。

新店舗を開発する部署のリーダーが、部下の市場調査報告書を見て、「この立地ならいけるだろう」と判断。引き続き部下に出店計画書の作成を指示。それを携えて、部下と2人でトップリーダーに提案に行ったが、トップリーダーはこの立地条件に難色を示した。すると部署のリーダーは、「私もそう思っていました」とトップに同調。部下との合意などなかったかのように、その出店計画は取り下げた。

リーダーは、トップが同じような立地の件を過去に却下したことを知っていたが、似たような立地で成功した例があることも知っていた。「絶対的な正解はない。やってみないとわからない」というのが実情だが、一代でチェーンを築いたトップに異を唱えることなど、この中間管理職は絶対にしない。

ここで、せめてトップの前で部下の提案の可能性に言及したり、労をねぎらったりすれば部下も少しは報われるが、まるで最初から自分も全否定していたかのように話を変えている。部下は、まったく報われない。

Point　ブラック上司返上！のための処方箋

①部下にはトップの段階で部下の提案が通らない可能性もあることを予め示唆しておく
②却下されたことに対して部下の労をねぎらい慰める

ケース3　「言った」「言わない」が多い

自分が言ったことを忘れてしまって、「そんなことは言っていない」と言ったり、かつて自分で言ったことが自分の頭の中でストーリーが変わっていて、「そんなことは言っていない」と言い張ったりする。

Point　ブラック上司返上！のための処方箋

①自分が言ったことを忘れているかもしれないと考え、その場での最善の解決法を考える

ケース4　話しながら、都合よく内容を変えていく

相手が話している内容を都合よく自分の話に取り込みながら微妙に変えていく。「相手の話を取り込んで話す」という手法自体は悪いことではありません。交渉が難航しているときや怒っている人をなだめるときには、相手が発した言葉を使うというのは、むしろ、やるべきことであり鉄則です。相手は「自分が言っていることを理解してくれている」と感じるからです。

しかし、部下との対話で同じ手法をとると、「都合よく使われている」と思われることがあります。お互いの主張をしているときに部下の主張を取り込んで言葉を返すと、「こっちの言い分を都合よく使っている」「主体性がない上司だ」と思われるたり、「部下が考えたことをまるで上司自身の発案かのように言っている」と受け止められたりすることがあります。

Point　ブラック上司返上！のための処方箋

①部下の話を取り込んで話すときには「君の言うとおり～」「たしかにその通り～」というふうに部下の意見への同意や共感を示す。

ケース5

「だから最初からダメだと思っていた」と結果論で批判する

一度は部下の提案に「GO」を出したのに、うまくいかなくなると「だから最初からダメだと思っていた」と、あとで言う。部下にすれば「だったら最初から賛成しないでほしい」と言いたくなる。

うまくいったときは「自分もいけると思っていた」と言い、失敗すると「それ見たことか。だから言ったじゃないか」と結果論でしか評価しない。

このケースでも、上司自身は「部下のためによかれと思って」の言動である場合があります。

上司としては、最初に部下の提案を聞いたときに「可能性はあるが、この点が、ちょっと危ういな」と思ったところがあった。でも、「なんとか部下の提案を実現させてあげたい」という思いから賛成して支援した。その後、「ここが危うい」と感じた通りの結果になってしまった。それで、つい「だから最初からダメだと思っていた」と言ってしまう。これは最悪です。一度、賛成して支援したら、どんな結果になろうとも責任は上司の自分にあるという覚悟がなければ、「部下のために賛成した」などと言うのは方便にしか見えません。

Point　ブラック上司返上！のための処方箋

①部下の提案に賛成したら、どんな結果になろうと最終責任は上司にあると覚悟する。

②悪い結果が出たとき「だから最初からダメだと思っていた」という心の声をけっして口にしない。口にしなくても表情に心の声が表れてしまうことが多いので悪い結果が出たら、そのミーティングはいったん打ち切って離席する。

②一度、その場を離れて、別の場所で自分の感情を外に出してから仕切り直す。別室でパソコンにこの件についての憤りや反省を打ち込んで発散するという方法も有効。

第4章
保身に走る上司

部下の心の声12

「ころころ言動が変わってますけど、それってだれのためですか？」

また保身ですか？

部下に信頼されない上司の典型は、「保身上司」と「部下を利用する上司」です。

昔からいる「自他ともに認める保身野郎」とか「あからさまに自分のポイント稼ぎに部下を利用する上司」は、だれの目にも明らかなので、わかりやすいし、とりたてて論じるまでもありません。

しかし、本人はそんなつもりじゃないのに部下の目にはそう見えているという人が多いのです。それは、言うことがすぐ変わるだけでなく、態度も安定していない。言動に一貫性がなくて「それはだれのため？　何のため？」と部下に思われてしまう。そうすると、「自ら汗をかいて、手柄は人に」というポリシーを掲げているはずの人が、「そんなきれいごとを言っても、見え透いてます」と部下に思われてしまう。いったいどうしてそうなってしまうのでしょう。具体例を見ていきたいと思います。

シーン1 「自分の指示が原因」と言わない

課長の指示で部下がやったことなのに、それで問題が起きたときに、担当した部下と問題そのものだけがクローズアップされて、「もともと課長の指示だった」ということが問題視されていない。つまり、課長が「自分の指示が原因だ」とは決して言わない。部下にすれば「課長の犠牲になった」としか思えない。

Point ブラック上司返上！のための処方箋

①問題が起きたとき、「まずは問題解決に動こう」ということを優先していたために、「指示したのは自分である」という表明や報告が遅れてしまっているとしたら、その間、部下の不信は募る。そうならないためには、問題解決に動くと同時に、すぐに「指示したのは自分である」と明言する。もしかりに「指示はまちがっていない。担当者がミスをした」という場合であっても、任命責任を感じ、申し出ることで部下を守ろうとする姿勢を見せる上司でなければブラック認定。

シーン2

部下にスポットライトを当てない

課長以下スタッフ一丸となって成果を上げ、課として高い評価を受けたというときに、社内的には課長の手腕が認められ、そこにスポットライトが当たっている。

しかし、スタッフの中には、「最初に彼のアイデアがあったから」「彼女の地道な努力があったから」「苦しいときに彼がみんなを笑わせたり励ましてくれた」「彼女の機転がなければ、あそこで終わっていた」というふうに、それぞれ欠くことのできないパーツがあった。

課長は「スタッフ全員の協力があったから成し遂げられた」と口では言っているが、ただそれだけ。課長以外の本当のヒーローや影のMVPにはスポットライトを当てようとしないから黒子のまま。

Point ブラック上司返上！のための処方箋

①自分の上司や社内に「本当のヒーローは自分ではなく、この人だ」ということを鮮明にして、ちゃんとスポットライトを当ててやる。

シーン3
部下の提案をパクる

部下が提案した企画書やプレゼンの構成案をそのまま上席の会議に出したり、自分の上司に提出して採用された。実際に企画提案した部下にスポットライトを当てることなく、自分のアイデアのような顔をしている。部下にすれば「上司にパクられた」。
そのくせ企画案やプレゼンに疑問点や問題点を指摘されると、それまでは部下の名前を一切、出さなかったのに「あ、これは部下に頼んで作らせたものなので」と責任転嫁するときだけ部下の存在をクローズアップする。

Point ブラック上司返上！のための処方箋

①最初から提案した部下にスポットライトを当てる。会議やプレゼンに同席させる。その席に呼べないときは、最初に作成者の名前と功績を紹介する。
②会議やプレゼンで採用した経緯や結果を適宜、部下に報告する。「あとでちゃんと言おうと思った」と、まだ部下に伝えていないうちに別の人から部下がその件を聞かされたりするとパクり疑惑は消せなくなる。

シーン4

「ごめん、今回かぎりだから」と、しょっちゅう言う

別の部署が担当している見本市的イベントに毎年、課長以下部下全員が手伝いに駆り出されていたが、今回は別の課が手伝いに入ることになった。ゴールデンウィーク中のイベントなので、課長以下全員、毎年、連休返上だったが、部下たちは「今年は家族と連休を過ごせる」と楽しみにしていた。

ところが、その1か月ほど前になって、上から「今年の見本市は会社として例年以上に力を入れて参加するので手伝ってくれないか」と言われた課長は部下たちに頭を下げて頼んだ。

「ごめん、今回かぎりだから、頼むよ」

部下たちの心の声は「あんなに胸を叩いて約束してくれたはずなのに、上に、いい顔をするために部下を犠牲にするんだな」となります。しかも「今回かぎりだから何とか頼む」という頼み方をする人は「一生のお願いだから」と言う人と同じで何度もそう言います。部下はそのたびに「またそれか」と思っています。

Point! ブラック上司返上！のための処方箋

①「今回かぎり」などと口にしない。もし無意識の口癖ならば「今回かぎり」「今度だけ」「特別に」という言葉は削除して、事情説明とお願いに終始する。
②不測の事態で変更になる可能性が残っているときは、「もしかしたら、こういうこともあり得るから」ということをあらかじめ伝えておく。

部下の心の声13

「そんなに社長が怖いですか？」

シーン1　保身のためには理想を捨て去る

▼ある流通会社のケース

首都圏を中心に全国で店舗展開している流通系の会社は、トップリーダーの強力な個性とカリスマ性を武器に成長した会社です。

典型的な昭和の商法で成功を収めた店舗は、紅白の垂れ幕に「大売出し」とか「閉店セール（一部のコーナーの変更だけで閉店はしない）」で集客したり、活気のある市場のゴチャゴチャした雰囲気にしたり、あえてオシャレな店にしないのが社長のスタイルです。

ところが、時代とともに社員のほうには、「もっとおしゃれな店にしたい」と思う人たちが増えて、店長の中にも「もう昭和の店づくりではお客さんに喜んでもらえない。もっとハイセンスなフロアにしよう」と考えて、独自におしゃれな店に化粧直しをする人が現れました。

お店のスタッフたちも店長の方針に賛同し、自分たちで手間暇かけて、苦労しておしゃれな店に変身させていきました。ところが、やっといい感じなお店になったと思っていたら、店長は「すぐに元通りにしてくれ」とスタッフに指示しました。２日後に社長が店舗視察に来るというのです。

部下たちが、しぶしぶ深夜の再改装作業を進めながら、みんなで店長の陰口を言い始めたのは言うまでもありません。

「せっかく素敵な店舗になったと思ったのに、全部、ムダになったじゃないか」

「店長の思いに応えてあげたいと思って一生懸命やったのに、こんな作業をさせられるなんて、やるせない」

「そんなに社長が怖いのか」

「あれだけ俺たちに『こういう店を作ってお客さんにもみんなにも喜んでもらいたい』って言ってたんだから、それを社長に言って、おしゃれにした店舗を見てもらえばいいじゃないか」

「結局、自分の理想よりも社長に追従することが大事なんだよ」

「保身店長のおかげで、とんだ労力と時間を損しちゃったなあ」

シーン2 二股上司

▼ある営業部のケース

大手販売会社の営業部で、ある大きな法人に新たに営業をかけようとしている営業部長が、もっとも期待を寄せているA課のA課長を呼んで、こう言いました。

「君だけが頼りだ。なんとかプランを考えて提案してくれ」

ところが、その直後、営業部長は最近、A課長をしのぐ勢いのあるB課のB課長を呼んで、こう言いました。

「君だけが頼りだ。なんとかプランを考えて提案してくれ」

2人の課長は、自分だけが指名を受けたと思って、張り切って調査や情報収集を進め、戦略を練り始めました。まもなく2人は、同じ下調べに出向いた現場で鉢合わせ。お互いに「え？ ここで何やってんの？」ということになりました。

部長にすれば、2人を切磋琢磨させたいという狙いがあったのでしょう。でも、何も知らされずにいる2人は「君だけが頼りだ」という言葉を聞いて、期待に応えようと動いていたのです。それなのに「君だけ」なんかではなかったのです。これは完全に二股部長です。

部長にすれば、優秀な部下が2人、それぞれにがんばってくれれば、会社のためにも、お客さんのためにも2倍、いい提案ができると思ったのですが、部下のほうは「頭ではそれも理解できるけれど、感情的には許せない」となります。

結局、部長はA課長の提案したA案とB課長の提案したB案の両方を営業先に提出。先方は、A案のいいところとB案のいいところを併用するという選択をしてくれたので、その場は丸く収まりました。

しかし、2人の部下は、部長の二股を反面教師として胸に刻むことになりました。上司として部下に「あんなふうにはなりたくない」と思われることは、もっとも残念なことです。

シーン3

「あの人がいると通るものも通りません」

▼ある新聞社のケース

新聞紙を開いて活字で新聞を読む人が激減して、全国紙から地方紙まで新聞各社は、新聞のあり方や新たなビジネスモデルを模索する日々が続いています。

そんな中、ある新聞社では、こんな案が浮上しました。

「発行部数が減って販売店のリストラを進めるのは時代の流れだが、長年お世話になった販売店をドライに切ることもできない。そこで販売店が店舗を利用して他のビジネスチャンスをつかむ方法を考えよう。ついては、手助けを求めているお年寄りの家に朝夕の新聞と同時に食事を宅配するサービスや御用聞きのサービスを始めたらどうか」

「輪転機が不要になって空いたフロアに物産展やフードコートや親子連れが遊べる広場をつくったらどうか」

そうしたアイデアが次々に社員から持ち上がって、上層部に持っていくのですが、いつもトップの答えは「ＮＯ」。社員の間には「売り上げも見込めるし、社会貢献にもなるのだから会社としてやるべきだ」という声が多かったのですが、上には届きません。

そこには「あの人がいると、通るものも通らない」というネックになっている人がいました。社長に請われて大手銀行から移籍してきたその人は、ずっと社長のブレーンとしてそばで仕え、社内外に影響力を持っています。昭和の大銀行の管理部門に長年いた彼は、ゴチゴチの昭和の会社役員で、社員にも昭和の会社員像を求めます。こう書くと、まるで昭和が悪いように聞こえますが、そんなことではなく、問題はその人の老害と保身です。

社員から上がってきた提案には、役員として目を通し、あれやこれやと意見を述べるけれど、いざ社長へのプレゼンの席になると消えていなくなります。意図的に「出ない」のです。

彼の言い分は「意思決定者に直接会って提案をする機会はそんなにないんだから、自分でがんばって提案を通したほうがいい」というものです。たしかにそれ自体はまちがっていないのですが、どうも提案を通すことに協力的には見えません。「社長は認めたがらない案件だけど、私はいい案だと思うから何とかバックアップしよう」ということなど、ただの一度もない。そもそも頭が古く、新しいことには理解や興味を示さない。「コストがかかりすぎだ」「リスクが大きい」「こんなの聞いたことがない」というセリフを社員たちはもう聞き飽きています。

しかも、社長に提案に行く直前まで「もっとこうしたらどうだ」「以前、社長はこう言っていたから、ここをこうすれば社長も納得するんじゃないか」などと言って、賛同しているようなときにも、自分は一緒に社長室に入らず、プレゼンが済んでから姿を現します。

「やっぱりダメだったか。提案が悪かったな。俺は最初から無理だと思ってたよ」

そう突き放したように言うのを聞いて、「そりゃないでしょ」と憤った社員がたくさんいます。

「さっきまで、いい提案だって、あんたも言ってたじゃないか。なんで自分だけズラかるんだ」

この老兵は、社長自身が「やりたい」と言い出したプランがあれば、それを全力でサポートして成功させるだけの力量は持っています。だから社長も頼りにしているのです。そうであればこそ、一緒にプレゼンの席に出て、提案の実現のために社長に進言したり社員の後押しをしてくれれば提案が通ったかもしれないのに、付き添いを拒否して提案は玉砕。完全に社員を見殺しです。

まるで社員の提案など通らないほうが、わが身のためだと思っているかのようなふるまいばかりするのはなぜか。実際にそう思っているからです。

もし社長が難色を示している提案に自分が賛成に回ったことで社長がGOサインを出し

て、それが失敗に終わるのが怖いからです。後々社長に「おまえがいけるというからおれも賛成したんだ。どう責任をとるんだ」と責められるのを避けるために、決して共同提案者にはなろうとしないのです。

それればかりか、やってみなければどっちに転ぶかわからないような提案であれば、通らないように社長に陰で耳打ちしていることさえあります。新しいことを始めて失敗でもしたら、自分にも火の粉がかかるかもしれないから、足を引っ張って潰しておこうとするのです。

こんな目の上のタンコブ的保身上司がいたら、部下はいつまでたっても浮かばれません。

シーン4 「骨折り損のくたびれ儲けをさせないで」

▼あるIT企業のケース

ビッグデータを使うことでビジネスチャンスが大幅に増えた企業は、いまどき数多くあります。その反対に、少し時代が早すぎたためにビッグデータの手前まで行っておきながら、そのビッグウェーブに乗りそびれてしまった企業もあります。

あるIT系の会社が新しい大型企画を検討していました。衣、食、住、交通、レジャー、サービスなど、それぞれの分野で全国展開をしている企業をつないで、ユーザーがカード1枚であらゆるサービスが受けられるシステムを作ろう。ユーザーは割引などの特典が得られ、各チェーン店や各企業はユーザーの詳細なデータを得ることで各種のDM的な案内を効率よく送れる……。いまでこそビッグデータは新しいビジネスモデルを生み出す大きな推進力になりますが、この会社がそれを企画していたのは、ふた昔近くも前のこと。まだビッグデータという言葉すらありませんでした。

同業他社に先駆けて、この大きなビジネスチャンスが広がっていきそうな企画を進めようとしたのは、1人のキーマンが現れたからです。それまでは、その手のサービスはまだ各業界各企業のつながりが整備されていない面もあり、「こんなことができたらいいね」という話が出ても、後に言うビッグデータ的なものを易々と得られる段階ではありませんでした。

そのとき、「いや、できますよ。僕にやらせてください」という若者が入社してきました。彼はMBAを終えて帰ってきたばかりでした。折しも、ビッグデータ的なものを解析して「こんなことができたらいいね」を実現するためのデータ分析とプログラムを作るための研究こそが彼のフィールドワークだったのです。

「よし！　君にまかせた。さっそくデータ分析を進めてくれ」

この企画推進のプロジェクトリーダーは、彼を抜擢して、大きな期待を寄せました。やがて彼は分析結果とプログラミング案の中間報告をしてきました。

「これなら実現できるんじゃないか」

わかる人にはわかる、ハイレベルの分析です。ところが、この分析が日の目を見ることはありませんでした。それは、トップリーダーの「う〜ん。よくわからない」というひと言でした。彼は「わかる人にはわかる」の中に入っていなかったのです。

プロジェクトリーダーは、当然、「わかる人」の1人でした。しかし、彼がトップリーダーに進言したり、分析の有用性を訴えて説得しようとはしませんでした。ＩＴ系のベンチャー企業でありながら「社長がＮＯと言えばＮＯ」という枠組みでしかものを考えられない人が責任者だったことで、このプロジェクトは停滞してしまいました。この会社は、同業他社を大きくリードするチャンスが目の前に見えかけたところで後退して、後塵を拝することになってしまいました。

いちばん気の毒なのは、苦労して分析をした新入社員です。トップリーダーが「わかる人」だったら。あるいは、「わからないけど、やってみよう」という人だったら。プロジェクトリーダーが、「社長。これは大きなチャンスかもしれない。失敗するかもしれないけど、やってみましょう」と言える人だったら、彼の努力は報われ、さらに会社はビジネスチャンスを広げたかもしれません。

たしかに「よくわからない」ことを進めていくのはリスクがあります。きっと途中で何度も失敗することもあるでしょう。それでもあきらめずにチャレンジした人たちだけが辿り着ける場所があります。彼らは、そこに行きつけませんでした。

さらにこの新入社員がかわいそうだったのは、プロジェクトリーダーから何の報告も説明もなかったことです。プロジェクトリーダーにすれば、データ分析の大変さも、その内容や価値も理解しているので、「あまりにも申し訳なくて報告のしようがない」と思ったのでしょう。

しかし、その後、新入社員は自分が分析した企画はどうなったのか、何も聞かされないまま何日も過ぎていくうちに「自分のデータ解析に何か問題があったから止まったままなのか」と不安になり、プロジェクトリーダーに尋ねました。

「いったい、あれはどうなったのでしょうか？」

「申し訳ない。流れてしまった……」

プロジェクトリーダーは言葉少なにそれだけ言うと、いたたまれなくなって、その場を立ち去りました。

1人その場に取り残された彼は、骨折り損のくたびれ儲けをさせられただけでなく、事情も聞かされず、ねぎらいの言葉さえもらえないまま「これが日本のＩＴ企業なのか」という寒々しい思いで立ち尽くしていました。

新入社員への洗礼というには過酷すぎる経験をいきなりさせられた彼は、やがてＩＴとは無縁の職人の世界に進み、いまはその道では名の知られた立派な職人となって、日々楽しく仕事をしています。

Point ブラック上司返上！のための処方箋

それにしても、この場合、プロジェクトリーダーは、どういう対応をするべきだったのでしょう。

新入社員をすぐさま見込んで抜擢し、優れた分析結果が得られ、その価値に気づいて社長に提案したところまでは上出来です。しかし、社長がひとたび「ＮＯ」と言うと、まったく粘ることもなく退散。そして、もっとも罪深いのは、苦労した部下に何の報告も説明もせず、聞かれるまで黙っていたことです。

社長判断で企画がストップしたのはしかたがありません。そうなった経緯の報告と誠意ある説明をして、「せっかくいい分析をしてもらったのに、こうなって申し訳ない。本当にお疲れ様。また次のチャンスを一緒につかもう」という謝意とねぎらいとネクストチャンスへの言及をするべきでした。

仕事というのは、うまくいくときばかりではありません。うまくいかなかったときに、どういう対応をするか。上司としては部下に対してどうフォローするか。それが信頼関係を築けるかどうかの大事なポイントです。

シーン5　部下を社長室に連れていく度量

このＩＴ企業のプロジェクトリーダーと同じように、「部下の提案は、すごくいいのに、上が認めようとしない」という中間管理職の悩みは、どの会社にもよくあります。

そういうときにどういう対応をするかで、部下の信頼を得られるかどうかが変わってきます。

ダメな順から挙げます。

㋐部下の提案を完全に理解するまで上に言わない。自分が上に突っ込まれたときに、ちゃんと答える自信がないものは持っていかない。

㋑上に持っていって却下されたら、「ダメだった」と部下に告げて、そこで終了。

㋒上に持っていって却下されたら、「もっと練り上げて再提案しよう」と継続審議。

この㋒の後、何度かその繰り返しを続けたときに、その先の対応は大きく2つに分けられます。

1つは、あくまでも中間管理職としての機能を果たし、部下を代表して自分が上に掛け合い続ける。

もう1つは、部下を一緒に引き連れて上に掛け合いにいく。

前者は、組織のルールや縦社会の規律に堅いタイプで、越権を嫌う。上との接点は自分のみ、自分の責任で部下を管理したり指導したりするという使命感が強い。

後者は、ダメで元々、部下本人が納得できるように直接、上に話をさせる。場合によっては、社長室まで連れていく。

実は私が京王プラザホテルに勤めているとき、その前者後者、両方の上司の下で働いたことがありました。人事制度改革に取り組んでいた私の提案を上司を通じて何度も上にあげてもらっても、通りませんでした。

そのとき、前者の上司は、なんでも自分でやろうとする人で、再三、提案を託しても撃沈また撃沈の連続でした。

そして、後者の上司は、まだ主任にもなっていない私を社長室に連れて行ってくれて、直接、社長に説明する機会を作ってくれました。そのとき、社長は椅子に座って話を聞こうとはせず、席を下りてきて床に胡坐をかいて、お互いに膝詰めで話をしてくれました。そんな打ち解けた形で話ができるとは思ってもみなかったのですが、あとで聞くと、そうやってリラックスして話すのが社長のいつものスタイルでした。社長との距離感を感じることなく自分の考えをしっかり聞いてもらえたのは、とてもいい経験でした。

この上司は「そんなことを直接、社長に言われたら俺の立場がない」などという狭い了見とは無縁の人でした。自分と部下は、個性も能力も芸風もそれぞれ違う。社長でも専務でも上のところに部下を連れて行って「自分にはこんなに優秀な部下がいます」と紹介するのは、むしろだれにとってもよいことだという考えがあるのです。

社長にしても、その上司が部下を連れてきたことの意味や背景は先刻承知です。やる気のある社員が、社長に直接、話をする。内容の是非以前に、まずそのこと自体に意義があるのです。

部下の提案には、とてもいいところもあるが、未熟なところもあるし、まだわきが甘いかもしれない。

でも、自分の見えないところで提案がストップしているという状態だけでは、部下なりの閉塞感がある。それなら社長室に連れて行ったり、失敗してもいいから思うようにやらせてフォローしてやろう。そういう上司に巡り合えたことは、私にとって、とてもいい経験でした。

第5章
「がっかり」な上司

部下の心の声 14

「できるだけ客先に連れていきたくないです」

部下のお膳立てをパーにする上司

人間的には、きわめて善人で、自分のことよりも部下や上司、顧客のことを優先して考える上司なのに、どうも部下をがっかりさせてしまうことが多い人がいます。これも「本人はホワイト上司のつもりなのに、ブラック上司になってしまう」パターンの人です。

その上司と長く付き合ってきた部下の評価は「とてもいい人だけれど、いろいろと残念なところもある人」なので、その上司の弱点をうまくフォローしてあげる度量を部下の側が持っていれば、チームはちゃんと回っていきます。

ただ、上司のキャラクターをよく知っている部下たちにとっては許容範囲でも、それ以外の人、とくにお客様には、なかなか理解しにくいことも、ときどきある。ひと言で言えば、あまり客先に連れていきたくない上司です。

ある会社に、やはり部下たちにそう思われている人がいます。しっかりした会社の管理職にあり、それ相応の実績がある人なのに、客先に連れていくと、ときとして部下のお膳立てを台無しにしかねない言動をすることがあります。それも上司本人はよかれと思ってしていることなのに、あまりよからぬ事態を招いてしまう。

そういう傾向のある人たちの特徴をよくみると、いくつか共通点があるので、人の振り見て我が振り直すための項目として挙げてみたいと思います。

①見た目がよくない
髪型がダサい。服装のセンスが悪い。不潔。
②口下手なのに話が長い
③部下のお膳立ての意図を汲めない
④先方が期待するイメージと大きく違う
⑤ジョークがつまらない
⑥同じことを繰り返して言う。同じ質問をする。
⑦相手の名前をまちがえる。
⑧しばしば居眠りをする

商談を進めてきた部下が、お膳立てを整えて、最終段階で責任者として同席するという場合、当然、それまでの経緯や流れというものがあります。それを事前に部下に聞いて把握しておいて、「きょうの自分の役割は何か」ということを頭に入れておくのは上司として当然のことです。

ところが、いざ相手を前にすると、その流れをすっ飛ばして、よかれと思って自分の言いたいことを言ってしまう。初めて会った相手だったり、ずいぶん遠い過去に会ったことがある相手だったりすると、自分がここで新たな関係性を築こうとするかのように余計なことを言う。

相手をおだてるようなことを言う。話を蒸し返すようなことを言い出す。こういう場合、あいさつ早々、最初に「なんだこの人は？」と思われてしまうと、口を開けば開くほど、そのどれもが、的外れに聞こえてしまいます。

こういうときの部下は、心の中でこう思っています。

「頼むから、よかれと思って余計なことをしゃべるより、黙ってニコニコしていてほしい」

お膳立ては済んでいるのだから、ここで上司がとやかく言う必要は、ほとんどありません。極端に言えば、もうそこにいるだけでいいのです。「責任者たる自分が出席する以上、何かそれなりのことを言ったほうがいいんじゃないか」という使命感は、この際、必要ありません。むしろ、穏やかに〝黙って聞いている能力〟が必要なのです。

上司が何もしないほうがいいときがある

「柴田さん、今日は何もしなくていいので、ただ私の隣で座っていてください」

かつて、部下にそう言われて、おおいに不満を感じていた時期がありました。

私が関わっている仕事は、私がやったほうが早いし、うまくいくのだから、できるかぎり私が自分でやったほうがいい。そう思っていたのですが、あるとき、そうではないということに気づきました。

自分の部署に関わる案件に、何でもかんでも手を出していると、顧客やクライアントは、いつまでたっても、すぐに私のところに来てしまうので、スタッフの出番がなくなってしまいます。むしろ私が何もしないほうが、スタッフの出番がどんどん増えて、仕事ができるようになっていくのです。

そんな当たり前のことに気づいたのは、私が病気で戦列を離れたり、兼務している別の仕事にかかりきりになったりしたときに、その間、スタッフたちが私と同等以上の仕事ができるようになっているのを目の当たりにしたことでした。

「あ、そういうことか。私が何もしなくても、ちゃんと回っているし、どんどん人が育っているのだから、なるべくみんなに任せて、自分は違う仕事を見つければいいんだ」

そう気づいたのです。いままで、自分がやらなければいけないという責任感や使命感を持っていたのに、「実は自分がいなくてもいい」ということがわかれば、私は別動隊として新しいことができます。そうすれば、チームとしての仕事の幅も質量もアップします。

そういうわけで、部下がお膳立てした商談の最終段階に呼ばれたときに、「柴田さん、今日は何もしなくていいので、ただ私の隣で座っていてください」と言われたら、喜んでそうしているべきなのです。

つまり、前項の「客先に連れていきたくない上司」が商談に出ていったとき、部下が「頼むから、よかれと思って余計なことをしゃべるより、黙ってニコニコしていてほしい」と思っているのと同じです。

何もしないというのは、正直、忙しくて大変なとき以上に大変です。でも、それが上司の務めとして、大事なときがあるのです。

Point ブラック上司返上！のための処方箋

①部下が進めている商談の場においてはあくまでも部下を立てる

②上司は自分のアピールを抑える
③客先のそのような場では上司はできるだけ黙ってニコニコする

部下の心の声15
「ダサイ、くさい、けちい」

「ダサい」からの脱却

部下をがっかりさせる上司の特徴の1つは、前に述べた「客先に連れていきたくない上司の共通点」に挙げた「見た目がよくない」ことです。

たとえば、女子社員に「あの人、ダサイよね」と陰で言われている人は、仕事ぶりも残念である場合が多いのは、もはや定説です。

その人にすれば、ちゃんとした店で買ったスーツをきちんとクリーニングに出して着ているつもりでも、残念な見た目になっている。その原因の1つは、型が古いことが考えられます。何年も前のスーツを着続けていると、「シルエットがダサい」というわけです。

実は、私も、ややそういう傾向がありました。それなりの店で、けっして安物ではないスーツを買って「いいものは長持ちする」という昔ながらの価値観で着続けていました。なにしろ、まだ古びているとは思えないし、しっかりしているので、疑いもなく着ていました。ところが、紳士服のことがわかっている人は「型紙は毎シーズン変わっている。何年も前のものを着ていると明らかに見た目が古い」ということを知っています。ファッションに敏感で、男性の中身を外見から見抜く能力を持っている女性は、そこを的確に見ています。

そのことを知ってから、私は長持ちする「いいもの」を着るのはやめました。いままでのスーツの10分の1ほどの値段のものを毎年、買い替えて着るようにしたのです。そのかいあって、おおむね、女性からも好評です。

また、女性はよく男性の足元を見ています。つまり、靴です。靴が汚れている人と、爪が伸びて汚い、鼻毛、耳毛は、ダサい上司の典型です。

こうした見た目の改善をするサービスがIndigo Blueのなかにもあります。これは、専門の美容サロンとスタイリストの協力を得ています。以前、いかにも関西のおっちゃん然とした風貌のアラフィフの仕事仲間をプロの手によって「ダサいおっちゃん改造作戦」を遂行してもらいました。このビフォー／アフターは実に見事で、すっかりセンスのいいエグゼクティブに変身していました。本人も大変に気に入ったようで「これからは、これでいく」と、仕事にも張りが出たようでした。

1回もおごってくれない人

「あの人におごってもらったことって1回もないよね」

そう噂されているようなケチな上司は人気がありません。

あるとき、そんな上司に食事に誘ってもらって「まさかの割り勘?」と思っていたら、そうではありませんでした。

「へえ、珍しいこともあるもんだな」

そう思っていたら、レジで、しっかり領収書をもらっていました。部署の会合ならいざ知らず、プライベートで食事をして、会社の経費で落とそうとするのを見せられた部下は興ざめです。

以前、私は後輩と食事に行ったとき、レジの人に「領収書は?」と聞かれて、「いえ、いりません」と答えたら、その後輩は驚いていました。

「自腹でご馳走してくれるなんて、感動しちゃいました」

そう言って素直に喜んでいました。私としては、会社に請求するような類の会食ではないと思っての当然の行動だったのですが、裏を返せば、それだけ他の人たちは領収書を受け取って精算していたのでしょう。

とはいえ、課長だろうが部長だろうが、上司だって、お金は入り用です。部下より年収は多いかもしれませんが、それだけ出費もあります。親の介護にお金が必要な人もいるでしょうし、それぞれに事情を抱えています。「領収書なんかもらわなくていい」と言っていられないこともあります。せめて、部下の見えないところで領収書を受け取るぐらいの心がけは必要です。

1回もおごってくれないケチな上司と言われている人は、単に飲み食いのことだけではなく、何かとケチくさいことを言ったりしたりするという意味です。ケチな野郎に見えないふるまいをしているかどうか。大事なのは、そのたたずまいです。

苦手な部下とどう付き合うか

上司だって人間です。相性がいい相手もいれば、そうではない相手もいます。部下に「苦手な上司」がいるように、上司にだって「苦手な部下」がいても仕方ありません。

それでも上司本人は「個人的な好き嫌いで部下を評価することはない」「部下には分け隔てなく接している」という心がけをしています。ところが、本人はそう思っていても、実際は、そうできていないことが案外、多いのです。

ためしに、自分の部下全員の名前を書き出して、「一定期間、その一人一人と、それぞれどれぐらいの時間を一緒に過ごしたか」を計算して表に書き入れてみてください。おそらく、時間の差が歴然と出ているのを見て驚くと思います。「私は、これほど、いつも同じ人とばかり話していて、この人とはさっぱり話していない」ということに気づかされるでしょう。本人はそんなつもりがなくても、よくよく注意しないと、そういうふうになってしまうことが多いのです。

そんなふうに部下とのコミュニケーションに差が出ていると、後々、困った問題につながる可能性があります。1つは、パフォーマンスの低下につながることです。チーム内に不協和音が広がると、知らないうちにその部署の生産性が下がってしまいます。

もう1つは、リスク管理機能の低下につながることです。コミュニケーションが不足している部下が持っている情報が初期の段階で入ってこない。そのために、早期に対処できれば解決できたことが、大きな問題になってから表面化して、解決が困難になってしまうということがあります。

そういう危険性をはらんでいる情報が上司の耳に入ってこないのは困ります。顧客とのトラブルやコンプライアンス違反の可能性があるような、マイナス情報の把握は管理職の大事な仕事です。

ネガティブなことでも早く伝えてくれる関係性にするためには、コミュニケーション不足を放っておいてはいけません。たとえば、会議や打ち合わせの後、少し残って話すとか、ちょっとした合間にお茶をするなど、部下と1対1で話す時間を作るべきです。

そういうとき、かならずしも仕事の話をする必要はありません。雑談でもなんでもいいから、とにかく対話を重ねて接する時間を増やしていく。それまでは時間の積み重ねが足りないので、あのメンバー表に書いた時間の平均値ぐらいまで持っていく。そうすればコミュニケーション不足の改善に向かっていきます。

そこにいくまでは、直接、顔と顔が向き合うような座り方をすると、どうもギクシャクしがちです。たとえば、カウンター席のカフェや、おでんの屋台、バーカウンターのように、横に座って、お互いの視線が合わないような形の中で話をしていくことから始めるのも1つの方法です。

Point　ブラック上司返上！のための処方箋

①身だしなみは常に清潔にする
②時代遅れのスーツを着ない
③靴はいつもきれいにしておく
④部下の目の前で領収書をもらわない
⑤コミュニケーション不足の部下とは1対1で話す時間を持つ

部下の心の声16
「理想はごもっともですが……」

あるIT系ベンチャー企業のケース

その会社は、業績が下降気味で、テコ入れを余儀なくされていました。そこで、他社で実績をあげたのを見込まれて、三顧の礼で迎えられた人が、新しい社長に就任しました。

この人は自分の高邁な理想を実現することが、会社の業績アップと社員の幸せにつながるという強い信念の持ち主で、それが元の会社を大きく成長させた要因だと信じていました。

まず、就任早々、彼が打ち出したのは、ワークライフバランスを徹底させることでした。社員にそれを浸透させるために、社長が率先垂範。毎日、5時半になると、確実に帰ります。「ここの社員は社会を知らない。勉強をしない。仕事ばかりしている。それではクリエイティブな発想もできない。だから私が進んで自分の動き方を見せる」

そう宣言し、毎日、早々に仕事を切り上げて帰ると、自分の好きな勉強をしに行ったり、スポーツジムに行ったりする時間にあてたりしていました。

社員は、「なるほどそういうものか」と思い、みんな5時半には帰るようになりました。しかし、そういう表面的なところだけまねをしても、まだ仕事も満足にできない未熟な人たちまでサッサと帰ってしまっては、業務に支障が出てきます。電話をしてもだれも出ないというような事態まで起きるようになってしまいました。

それでも、「仕事だけしていては人間的に成長しない」という信念は変わらず、「忘年会は社員の士気を上げるための大事なセレモニーだ」と、おしゃれなレストランの個室を借りて素敵なパーティーを企画したのはいいけれど、ある部署の人たちは何も聞かされずに置いてけぼりを食っていたり、福利厚生に手厚いつもりが不公平感を与えるような待遇の差が出ていたりします。

「あれ？　社員思いのホワイト社長だと思ったのにブラック社長かも」

そんな声が出始めました。

本人はホワイト上司のつもりなので、部下の意見はよく聞いて、積極的に取り入れようとします。しかし、あっちにもこっちにも、いい顔をするので、朝令暮改になったり辻褄が合わなくなったりします。

「社長、大々的に新聞広告を打ちましょう」

「うん。それはいいね」

それからまもなく別の部下に「社長、いまどき新聞広告よりデジタルで広告展開しましょう」と言われれば「おお、それはいいね」とOKを出す。これでは経費もかさむ一方だし、話が二転三転して広告代理店にも迷惑をかけてしまう事態も起きます。

このままでは先行き危ないと思った社員の1人が、この社長を招聘した関連会社の代表に内情を報告しました。内情を知った代表は、社長に「理想はわかるが、現実的なバランスをもっと考えるように」と忠告しました。

しかし、社長の理想論は改まりません。業績もさらに下降しているので、代表としても再三、数字上の問題をあげて改善点をアドバイスしたのですが、社長はピンときていません。社長就任時に比べると明らかに顔色が悪く、どうも頭がよく回っていないのではないかと思えるほどでした。それ以前に、そもそも計数管理能力に問題があるのではないかという疑いすらあります。

それでもまだ夢のような理想を社員たちに語り、根拠のない自信を失いません。部下にとっては「なんでも聞き入れてくれるし、部下を信頼して任せてくれる上司」だから理想的だとも言えますが、その管理能力に難があると、単に部下に丸投げしているだけで収拾がつかない事態が起こります。結局、会社の業績は悪化の一途をたどり、社長は自ら辞任するに至りました。

Point ブラック上司返上！のための処方箋

①「理想は理想。現実は現実」と知る
②そもそも抜擢自体が早かったとすれば、もっと経験を積んでからトップに立つべき。「自分にはまだ時期尚早」という見きわめが必要。
③根拠のない自信は武器になることもあるが、結果が出ないときは、自信の根拠を自分に与える努力をする。
④社長を抜擢した「代表」の上司としての処方箋

・最初から任せきりにせず、そばで見て教える時間をとる
・その後も「これならもう大丈夫」と思うまで伴走する時間を割く
・キャリアの豊富な人材を見つけてサポートさせる
・問題が見えてから中途半端な手助けをしてしまうと、社員は「社長を手助けをしている人」のほうばかりを見てしまう。手助けするなら徹底的にやる
・上司の一番大事な仕事は、部下のために割く時間を作り出すこと

部下の心の声17

「その会議の進め方、なんとかしてください」

2大ダメ会議のパターン

会議が必要以上に多い会社や会議の時間がムダに長いのは、生産性を大きく阻害します。

そして、会議の時間を合理的に短縮できるかどうかは、会議を進行する人の手腕にかかっ

ています。

つまり、ホワイト上司とブラック上司の差は、会議を進行する上司の議事進行能力に現れます。リーダーのファシリテーションのスキルが高ければ、会議の質は高まり時間は短くなります。

理想的な会議のあり方は、出席者全員が議論に参加し、同じ結論を共有して、会議が終わったら、その結論事項に沿って全員がすぐに動けることです。

その反対に、ダメな会議には2つの典型的なパターンがあります。1つは、上司が延々と話す「上司の独演会」。もう1つは、時間が長くなればなるほど論点がズレていく「ダラダラ会議」です。

まず、「上司の独演会」は、出席者の中で一番偉い人が、会議時間の7~8割ぐらい話してしまう会議です。会議とは、基本的には参加者全員が発言し、周囲の話を聞き、その結果、何らかの気付きや動機付けを共有して、会議室を出ていくというものです。

ところが、偉い人が会議で得々としゃべってしまうと、部下がなかなか話せません。そうならないための方法の1つは、会議の参加者と直接の上下関係のないファシリテーターを置いて会議のスムーズな進行をサポートしていくことです。

ファシリテーターは、一般的な会議の議長とは違って権限はありません。参加者が全員発言し、確認し、そして時間内に終える。それをうまく進めていくのがファシリテーターの役目です。ファシリテーターは上下関係や利害関係がありませんから、独演会になりかけたら「ちょっと話しすぎです」と話を止めたり、「要するにこういうことですよね」と話をまとめて次のテーマに移ったりもできます。

たとえば、営業1課の会議に、営業2課の人がファシリテーターとして参加する。あるいは、総務部など管理部門の人が、営業部門のファシリテーターをやるのです。

次に2つ目の「ダラダラ会議」のパターン。会議が始まってから時間がたつと、話のポイントがどんどんズレていってしまう。同じ話を同時に聞いているはずなのに、取っているメモがみんなバラバラ。これでは、せっかくみんな集まって長い間をかけたのに、情報を共有できなくなってしまいます。

長時間、ああでもないこうでもないと言っていると、だんだん何を話しているのかがわからなくなってきて、「もうこんな時間だ。じゃあ皆さん、よろしくお願いします」と言って別れていく会議があります。これでは、「だれが何をよろしくお願いされたのかわからない」ということになるので、また会議のやり直しをしなければいけなくなります。

これを改善するためのポイントは2つあります。1つは「ラップアップ」です。15分ぐらい話をしたら、「では、ここでいったん取りまとめてみましょう」と、そこまでの話をまとめる。そして次に進み、また15分ごとに「とりまとめ」をする。

もう1つのポイントは「可視化」です。ラップアップしたものを板書して、それをパソコンに入力してディスプレーで投影する。参加者全員が同じものを見て、「これはみんな合意しました」「これは合意していません」ということを確認して進んでいくのです。

こうすれば、会議の時間は短縮され、「あれ？　なんだったっけ」ということは防げます。会議の進行が不得意で、どうも長くなったり、漏れたり、うまく結論が出せなかったりということが多い人は、進行が得意な部下に任せるのもありです。または、みんなで持ち回りで司会を務める。ここで紹介した方法をとれば、だれが進行役をやってもスムーズに進めやすくなるはずです。

Point　ブラック上司返上！のための処方箋

①ファシリテーターを置いて、上役の独演会を防ぐ
②15分ごとに時間を区切って、ラップアップ
③要点を板書に書いて、パソコンで共有する

第6章

心を許しすぎる上司

部下の心の声18

「気を許しすぎです」

「わたし、奥さんじゃないですから」

昨今のオフィスでは、セクハラ・パワハラのガイドラインのようなものがどこにでもあって、だれしも、かなり気を遣うようになっています。

そうした時代背景もあって、あからさまなセクハラをする人は、ほとんど見かけなくなってきました。異性の上司から部下に対するセクハラ行為で注意を払わない人は、もういないと思います。

ところが、上司本人には、そんなつもりがないけれど、部下にすれば「それ、やめてください」という言動をしてしまう人は、まだまだいます。セクハラとまではいかないけれど、男性上司の行為が、女性社員にネガティブに思われているケースは少なからず見受けます。

上司本人は、まさか自分がそんなふうに思われているなどとは思ってもいないのに、相手に嫌な思いをさせている。その多くは、自分では善意からの行為のつもりなので、受け手が嫌がっているとは気づかないでいるのです。これは、要注意です。

その原因の多くは、男性上司のほうは女性の部下を信頼し、心を許しているから、ついつい気を許しすぎて、相手をちょっと困らせてしまうことです。そんなとき、部下は心の中で、こう思っています。

「わたし、あなたの奥さんじゃないですから」

もちろん恋愛感情とか、そういう類の思いは毛頭ありません。ただ、奥さんに気を許して頼ってしまうように、部下に対する態度に油断や甘えが垣間見えたり、奥さんにやさしく接するように、部下に対して気遣いをしたりすると、「奥さんでもないのに、そんなことされたらちょっと困ります」という行為につながってしまいます。

大切な職務上のパートナーであるからこそ、相手を大切に思う気持ちから、よかれと思ってやったことが、「え！　これって、アウトなの？」という行為になっている。そこには、思わぬ盲点や勘違いが少なからずあります。

ここでは、そういうケースを具体的に挙げていきますので、心当たりのある人は、さっそく改めましょう。

シーン1 「また自慢話ですか?」

「わたし、奥さんじゃないですから」と思われるようなことをしてしまう上司の特徴の1つは、悲しいかな、家で奥さんにあまり相手にしてもらっていない人が少なくありません。ダメ男なのではありません。やさしくて、仕事熱心で、とてもいい人なのですが、子どもが受験で忙しかったり、親の介護で手が回らなかったり、各家庭の事情で、亭主は後回しになっているのかもしれません。

それで、少しばかり寂しい思いをしているのでしょう。たまには自分の話を聞いてもらいたくなって、女性の部下に向かって自慢話をするのです。奥さんであれば、「はいはい、またその自慢話ですか」と、あしらうこともできますが、部下は、なかなかそういうわけにもいきません。嫌な顔をしないで聞いてあげながらも、心のなかでは「はいはい、またその自慢話ですか」と言っているのです。

Point ブラック上司返上!のための処方箋

①自慢しないほうが株を上げると心得る

シーン2

「愚痴なんか聞きたくないです」

奥さんの愚痴を亭主が聞いたり、亭主の愚痴を奥さんが聞いたりするのは、夫婦の日常会話の一端です。けれども、上司の愚痴を聞かされるのは、まさに「奥さんじゃないですから」と言いたくなります。別料金を請求してもいいくらいです。

とくに社内の人間に対する愚痴を聞かされるときなどは、「それ、私の同僚なんですけど。聞かされた私はどうすればいいんですか？」と思われてしまいます。

これは、私も、若輩の管理職だったころに、ついやってしまったことがありました。聞かされたほうは、私の愚痴に賛同すれば私の味方になったかのような雰囲気になってしまうし、かといって怪訝《けげん》な顔で聞いていると、私が批判している相手の肩を持つような雰囲気になってしまうからそれもできない。非常に嫌な思いをさせてしまっていたのです。

ある会社の管理職で、いつも私に愚痴を聞かせる人がいました。その人は同じ管理職の人をこっぴどく批判したかと思うと、その批判していた相手の前では、また別の管理職の人について愚痴る。そうやって、あちこちの人たちが、聞きたくもない同僚批判を聞かされていたのです。あるとき彼がまた同僚についての愚痴を言い始めたので、私は言いました。

「そうですか。それはひどい人ですね。でも、私も結構ひどい人間なので、そのことも、私がいないところで、そんなふうにあなたに言われているんじゃないかと思って心配です」

そう言うと、彼は、とてもバツが悪そうにしていました。

彼は、悪い人間ではないのですが、「人の悪口ほど面白いものはない」と思っていて、他の人たちもだれかの悪口を言ったり聞かされたりするのを面白がっているだろうと思い込んでいたようです。

たしかに彼はだれかを批判するとき、面白おかしく誇張して話しているところはあったのですが、聞いても笑えません。完全に外しているのです。

これは、自分ではホワイト上司のつもりがブラック上司になっている人の特徴の1つです。冗談を言っているつもりが冗談になっていない。それで人を傷つけたり、嫌な思いをさせたりする。ギャグのつもりで言った言葉でも人の心にグサッとくるようなものは許されません。そういう人は、セクハラ的発言をしがちです。受け狙いで言った冗談にだれも笑っていないということがたびたびあるという人は、ここ、要注意です。

Point ブラック上司返上!のための処方箋

①部下に同僚の愚痴を言わない

②だれかをイジって笑いを取るようなマネをしない

シーン3

「言うことがコロコロ変わりますよね」

管理職にある者として、言うことがコロコロ変わるのはよくないというのはよく心得ているはずなのに、男性上司が身近な女性の部下には言うことがよく変わる場合があります。これも心を許しすぎているから起こる言動です。

だれしも自分の家族には、「ごめん。この前は、今週やるって言ったけど、やっぱり来週にするよ」というふうに、コロコロ変わって顰蹙を買うことがありますが、それに近い感覚で女性の部下相手に言うことを変えてくる。

上司のほうは、「そんなに重大な件じゃないから、ちょっと変えてもいいだろう」ぐらいに思っているかもしれませんが、これは油断大敵です。「またですか?」ということが続くと、振り回される部下はストレスがたまります。どんなに親しき部下でも家族とは違います。親しき部下にも緊張感を失ってはいけません。

Point ブラック上司返上!のための処方箋

部下の心の声19 「それ、私用ですよね」

シーン1 「靴下を買ってこいって⁉」

オフィスで徹夜仕事をしていた上司が、朝、出社してきた女性の部下に「ごめん、悪いけど、靴下を買ってきてくれない？」と頼んでいるのをかつて見たことがありました。

彼女は喜んで買いに行ったわけではありませんが、「こんなに寝ないでがんばっているんだから役に立ってあげよう」と思ってあげたのでしょう。

上司のほうは、日ごろから心を許して信頼関係がある相手だから私用も頼みやすいと思っていたのかもしれません。

しかし、これは、かなり要注意です。こういう場合、信頼関係があって自分が頼りにしているという女性は、自分が気に入っている部下であることが多いのです。いろいろ頼みやすいし、笑顔で引き受けてくれる上司思いの部下だと思って、いつも感謝はしています。そのぶん、たまに食事をご馳走したり、仕事の面でもチャンスを与えたりしてあげている。ここが、セクハラ・パワハラの温床になる危険があるのです。

Point ブラック上司返上！のための処方箋

①私用を女性に頼むのはＮＧ！

シーン2 「買い物に付き合えって⁉」

ファッションセンスに自信がない男の人は、スーツやネクタイを選ぶのは、奥さんや彼女に見立ててもらったほうが失敗が少ないという場合があります。だったら奥さんに付き合ってもらえばいいのに、奥さんは「忙しいから無理」。そこで、頼みの綱は心を許している女性部下。「ちょっと買い物に付き合ってほしい」というわけです。

これは完全に「わたし、奥さんじゃないですから」以外の何物でもありません。こういう私用を会社の外でまで頼まれて断らないとしたら、「日ごろからお世話になっている上司の頼みだから」という理由以外にありませんが、そういう気持ちに付け込んでいるとしたら、これはセクハラではなくてもパワハラです。

若い女性社員に対して「部下として、とくに期待している人」と思っている気持ちから「上司として信頼されたい」という思いが、微妙に「好かれたい」という気持ちに近づいていくことが起こり得ます。そうなると、今度はセクハラ系に近づいていってしまいます。

Point ブラック上司返上！のための処方箋

①ショッピングに同伴させるのはNG

シーン3 「野球観戦ってなんですか？」

同性の部下に対してはセーフでも、同じことを異性の部下にするとアウト。とくに男性上司が女性の部下にするのはNG。そういうことがあるのは、だれでもわかっているようで、実は、ついやってしまっている場合があります。

たとえば、仕事を離れて一緒にどこかへ行ったり、何かを一緒にするというのは、お互いをさらによく理解できるし、仕事の潤滑油になるというのはまちがいありませんが、なんでもOKというわけではありません。

手近なものでは飲み会やスポーツ。一緒にスポーツをすることもあれば、プロ野球を観戦に行くこともあります。夏場にナイターを見ながらビールを飲むのは、昔からサラリーマンの伝統的な娯楽です。

ところが、男性上司が女性の部下を野球観戦に誘うのは、大人数ならセーフでも1対1では微妙です。「え？　ナイターって、それ、なんですか？」という女性が増えています。

お客様を接待するときに、ただレストランで食事をするというだけではなく、野球が好きな相手にはナイター観戦というオプションが昭和の時代からあります。そのときに女性の部下を同行させるというのが昔からよくあるスタイルです。とくにその女性とお客様が、同じ球団のファンだったりすると、ビール片手の観戦が、さらに盛り上がったりして、とてもいい接待になります。

ところが、その意義がよくわからない女性を説明もなく誘ってしまうと、ただ一緒に遊びに行こうと思っていると受け取られかねません。

Point　ブラック上司返上！のための処方箋

①スポーツ観戦接待の意味合いをちゃんと説明してから同伴を依頼する

部下の心の声20

「なんで私ばっかり」

シーン1　「出張や接待に付き合わせるのは勘弁してください」

男性上司が女性の部下に私用を頼んだり、出張や接待に同行してもらったりするという場合、頼むほうとしては、「その相手を信頼しているから」「嫌がらずに引き受けてくれるから」と思っていたとしても、そう思っているのは上司本人だけかもしれません。

すでに述べたように、そういう場合、自分が気に入っている人に頼むことが多いので、ある特定の人にだけ何度も頼むことになります。男性よりも女性の部下のほうが適任だという仕事もあるからといって、他にも女性の部下がいるのに、その人ばかりが駆り出されることが続くと、頼まれた本人は「また私ですか？　なんで私ばかり」と思ってしまいます。

周囲の人たちは、「またあの人が呼ばれてる」と言いながら「大変だなあ。気の毒に」と思う人もいるでしょうが、「なんであの人ばかり呼ばれるの？　そんなに贔屓しているの？」と複雑な思いで見ている人もいます。

そういう周りの目は、引き受けてくれていた部下も当然、強く感じます。そうなると「なんで私ばかり」と感じ、「もう勘弁してください」と思います。上司に尽くしてくれたはずの部下にこんな思いをさせるのは避けなければいけません。

Point　ブラック上司返上！のための処方箋

①出張や接待には特定の部下ばかりを付き合わせない

シーン2　「誕生日プレゼントとか、ありがた迷惑です」

ある特定の部下に、これまで述べてきたような頼み事を再三している上司が、しばしばしようとするのが、日ごろの感謝を込めたプレゼントです。

贈る側は善意のつもりでも、これを受け取る側はどう感じるか。それを周りの人はどう見ているか。そこを一切考えないで、贈る側の思いだけで渡すのは困りものです。

受け取る側に「ちょっと重たいです」と感じさせたり、周りが「ちょっとやりすぎじゃないの？」と思ったりするようなプレゼントは避けるべきです。

こういうケースで贈り物をするときに一般的に言われるのは、形が残らないもの、食べてしまうもの、使ってなくなってしまうもの、いわゆる消えものを贈るのがいいということです。アクセサリーの類は、「ちょっと重いです……」となる可能性があります。

日ごろの感謝を表すいい機会として、誕生日プレゼントをサプライズで贈る。実は私も以前、これをやったことがありますが、一部では不評でした。不評の理由は、不公平感です。「もし贈るなら、全員の誕生日に漏れなくやるべきだ」というのです。私はよかれと思って「入社5年の記念に」と贈ったり、誕生日を知っている人にだけ贈ったりしてしまっていたのですが、そんなことならやらないほうがいいというわけです。

Point　ブラック上司返上！のための処方箋

①特定の人にだけプレゼントを贈るのは絶対NG。もしどうしても贈りたいならサプライズではなく完全に個人的に贈る

シーン3　勘違いでセクハラに発展？

男性陣が不用意な言動で女性社員に対するセクハラにならないよう十分に気をつけてい

る一方で、女性の側の不用意な言動で男性がとまどってしまうケースもあります。

私の知り合いの女性で、本人はまったく意図していないのに、仕事で関わっている男の人たちをなぜか惑わせてしまう人がいます。それは彼女の罪なきクセというか、何の気なしの言動が、どうも相手を勘違いさせてしまっているようです。

たとえば、男性と話しながら気さくにボディータッチをします。笑いながら男の人の肩や腕に触れたり、膝の上に手を置いたりします。

あるときは仕事で悩んでいることがあって、いつになくしんみりと伏し目がちに会社で上司に相談したら「ごめん。いまから外出するから、あとでまた」「じゃあ、今晩、食事しながらとかどうですか?」「わかった」と上司はその晩、高級イタリアンの席を予約してくれました。ワインも注文すると2人で数万円の店です。彼女本人は真面目に仕事の話をするつもりで悩んでいる案件の資料持参で出向いたのですが、店の雰囲気も上司の様子も、仕事モードではなく、結局、バッグから資料を出すことはありませんでした。

彼女のFacebookを見ると、男女問わず友だちがたくさん。メッセージもコメントもマメで、たとえばさっきのイタリアンで料理の写真や上司との2ショット写真を楽しげにアップしたり、取引先の男性が沖縄にいる写真には「いいなあ。私も行っちゃおうかな♡」などとコメントしたり。あちこちでおじさんたちが勘違いしてしまうような写真やメッセージが躍っています。よく考えれば何の意識もないから2ショット写真を平気で載せたりしているのですが、おじさんはわかりません。

彼女自身はフランクに彼らと接しているだけだし、だれにでも相談したり相談に乗ったり、オープンマインドなのですが、勘違いする人たちが少なくありません。

私はある時期、化粧品や美容関係の女性たちと仕事をする機会が多かったのですが、彼女たちの中にもこういう勘違いを男性に与える人たちが結構います。職業柄、人の顔や髪に触れる機会が多いせいか、あいさつをしながら近寄ってきて、何の気なしに触ってきます。「ここにゴミが」とか「あ、まつ毛が」と顔を触れたりすると、慣れないこちらはドキリとします。

こういうことで勘違いをするのは要注意です。

Point　ブラック上司返上！のための処方箋

①女性部下の思わせぶりな言動は自分以外の男性もきっとされているはずと思って自惚れない

第7章
追い詰める上司

部下の心の声21

「わかっていて聞くのはやめてください」

その正論が部下を苦しめる

ミスをした部下に注意を与える場合、正論だけを言い続けていると、ときとして部下は「そんなに私を追い詰めないでください」と思っているときがあります。

ミスをした部下は反省しています。反省はしているけれど、「なぜこんなミスをしたんだ」と言われても、答えようもないミスもあります。それをことさら追及されても部下は謝り続ける以外に返す言葉がありません。

部下がこれ以上は申し開きできないようなことをしつこく追及するのは、単に上司の気が済まないからという場合が少なくありません。

シーン1 「なんでそんなことをしたんだ」と聞かれても……

部下がミスをしたとき、ホワイト上司は、かならずどこかに逃げ場所を作ってあげます。厳しいことを言っていても目が笑っているとか、さんざん叱った後に、ポンと肩を叩いて笑顔で立ち去る。そういう一連の言動で部下に理解させようとします。

ブラック上司は、一切の逃げ場所を与えることなく、ひたすら叱り飛ばして糾弾します。まるで極悪人を懲らしめる雪隠詰めのように「なぜこんなミスをしたんだ」と追及する。しかし、理由なき凡ミスのときにもこれをやる。製作過程でついうっかりミスしたり、顧客に出した資料にまちがいがあったりというケアレスミスは、してはいけないこととはいえ、理由を鋭く追及されても答えようがありません。上司もそれを頭ではわかっていてもミス自体が許せない。自分の気が収まるまで延々責め立てる。

部下は、ひたすら嵐が過ぎ去るのを待つしかありません。これでは疲弊して精神的に参ってしまいます。「深く反省させたい」と上司が思うなら、逆効果にしかなりません。

Point ブラック上司返上！のための処方箋

①叱るときは相手に逃げ道を作っておく

シーン2

理由を考えて説明すると「言い訳するな！」なんて……

合理的な理由を説明できないミスなのに「なぜだ」「どうしてだ」としつこく追及されて、答えに窮して黙っていると、「何とか言ったらどうだ」と責められる。必死に理由を考えて説明すると、「そんなの言い訳だ」と、さらに怒り出す始末です。

Point ブラック上司返上！のための処方箋

①部下が黙るしかない状態にしているのは自分だと気づく

シーン3

「何を言わせたいんですか？」

結局、この上司は部下に何を言わせたいのか、まったくわかりません。不注意によるミスはミスとして、反省して次に進むしかないのに、怒りが鎮まらずに次にいけないのはこの上司だけ。部下のミスによって感じたストレスが自分の中から消えるまで部下にぶつけているのです。「お願いですから私をこれ以上、追い詰めないでください」という部下の心の叫びが聞こえてきます。

Point ブラック上司返上！のための処方箋

①部下を自分のストレス発散の対象にしない

部下の心の声22

「いつまでも同じ注意をしないでください」

シーン1 「昔の話を蒸し返さないでください」

思うような結果を出せなかったり何かミスをしたりした部下に対して、いまここで起きた現象だけではなく、昔の話を持ち出して、「あのときもこうだったじゃないか」と責める上司がいます。部下にすれば、「ミスは申し訳ありませんでしたが、いまそんな昔の話を蒸し返されても……」と思ってしまいます。

家庭で奥さんにそういう指摘をされて参ってしまう男性は私を含めて多いと思いますが、実は、女性の上司には比較的そういう傾向が見られるような気がします。もちろん「それは女性への偏見だ」という反論もあると思います。この男女の特徴に関する著書が豊富な脳科学の専門家・黒川伊保子さんの『鈍感な男　理不尽な女』（幻冬舎）を読むと示唆に富んだ分析がありました。要点をかいつまんで紹介すると、次のようなものです。「男女の脳の仕組みには差があり、女性脳の特徴は、察しがよく、目の前のものをつぶさに見て、共感を心のよりどころとする。男性脳の特徴は、俯瞰でものを見て、目の前の細かいことにとらわれないで、素早く目的を果たそうとする。女性の特徴として、過去を蒸し返す、些細なひと言で怒り出す、答えようのない質問をする、急に不機嫌になるということがあるのは、そうした脳の仕組みによると考えられる」

私は専門家ではありませんので、この是非を論じるつもりはありません。ただ、この本にも書いてあったように「男女の脳の違いを知れば、男女のすれ違いは解消され、恋愛も家庭も仕事もうまくいく」ということが少しでもあれば、こうした本に書かれてあることを参考にしてみるのも1つの方法かもしれません。

かつて私と一緒に仕事をしていた女性の中間管理職は、非常に優秀な人でした。ところが、仕事ができる人が管理職になったときに、ちょっと部下を追い詰めてしまうという傾向、まさにこの章のケースそのものに当てはまるところがありました。彼女は、自分でもそれを自覚していて、改善に努め、いまや完全にホワイト上司として数多くの部下に尊敬され、慕われています。

彼女はとても酒が強く、最初のうちは部下と酒を飲みながらお説教をすることも多かったのですが、そこでつい酒の力のせいもあって言葉が過ぎることがある。それはまったく逆効果だと悟り、お酒を断つと同時に、彼女自身による彼女の改造が始まりました。

①「坊主憎けりゃ袈裟まで憎し」をやめる

ダメな部下の情けない仕事を見ると、すぐに「親の顔が見たい」とか「だれがおまえなんかを採用したんだ」「そんなヘアースタイルをしてるからダメなんだ」などという言葉を発する。Aさんの推薦でBさんに頼んだ件が失敗に終わると、Bさんだけでなく、Aさんまで厳しく断罪する……。そんなふうに、気に入らないことが起こると、なんでも関連付けて、すべて非難するのを改めて、「それは彼の仕事と関係がない。本件と関連性がないことは絶対に俎上に乗せない」という戒めを自分に課した。

②「注意は5分でやめる」と決める（ネチネチをやめる）

終わらない叱責を自ら終わらせるように、話を始める前に「いまから5分、この件の話をするからよく聞くように」とタイマーをセットして、打ち切った。

③会議の終わりがけに捨て台詞を言わない

会議や打ち合わせで、だれかのミスやトラブルを解決するための話などをひとしきりして、最後に席を立つときに「最低だな！」とか「死ね」などとボソッと言うクセを直した。本人はかつて、そんな言葉を吐く理由について「まだ言い足りないから」と言っていたが、キリがないことを言うのはムダで愚かしいと悟り、きっぱりやめた。

ミスした部下に怒りが湧いても、彼女がセルフコントロールできるようになったのは、彼女自身の意志と学びによるものです。アンガーマネジメントのような勉強や自己改革。そして、「だから女性の管理職はダメなんだ」などとは絶対に言わせたくないという思い。「女性脳だろうが男性脳だろうが、なりたい自分になろうとすればなれる」ということを実証したのです。

何を隠そう、私も彼女とまったく同じです。10数年前、『話を聞かない男、地図が読めない女』という本がベストセラーになったときのイベントで「男性脳か女性脳かを診断します」というコーナーがありました。私が各チェック項目に応えると「柴田さんは典型的な女性脳です」という結果でした。これを見ると、「女性だから、かならずこういうことで怒る」「男性だからこういうことをする」というわけではなく、あくまでも「傾向がある」という話です。

たしかに当時の私は、すぐキレる瞬間湯沸かし器というあだ名をつけられていました。もし、まったく自然体でいると、管理職として喜ばしくない行動パターンをしてしまうと気づき、自己改革に努めました。やがて理性が勝ってセルフコントロールができるようになりました。つまり、彼女と同じだったのです。

いずれにせよ、管理職にある人にとって、自制心によって理性で感情をコントロールするのは欠かせないことです。

部下の心の声23

「あなたと同じことをやれと言われても、ムリです」

やろうとしていることは、まちがっていなかったのに

長年、コンサルタントの仕事をしてセミナーを主催していると、管理職研修には同じ会社の人たちが年を追って参加してくることがあります。

たとえば、ある会社の管理職になった大山さんという人が管理職研修に来た10年後に、同じ会社の小島さんという人が同じ管理職研修を受けに来る。小島さんは大山さんの直属の部下だった、いわば師弟関係。大山さんにすれば、自分が見込んで育てた部下を抜擢して、管理職研修に送り出す日を迎えた。小島さんにすれば、大山さんの恩により一層、報いるために張り切って研修にやってきたというわけです。

「大山とずっと一緒にやってまいりました小島です。大山が、くれぐれも柴田さんによろしくと申しておりました」

「そうでしたか。大山さんはお元気ですか?」

「はい。ますます元気です」

「大山さんのような素晴らしい上司に恵まれて、いいですね」

「はい。それが私の一番の誇りです。私はこれから先も全力で大山のために尽くしていきます」

いまどき珍しいほど「上司のためなら命も惜しくない」という気迫と上司愛をいきなり見せつけられて、ちょっとオーバーな人だなとは思いましたが、まさかそれがブラック上司物語の始まりだとは思っていませんでした。

大山さんは、お世辞抜きに優秀な人で、業界では「いずれかならず社長になる人」と言われていました。小島さんはそういう上司に抜擢されただけあって、やる気も能力も十分な頼もしい管理職になるべきはずの人材でした。

ところが、小島さんは、いざ管理職になると、部下たちを追い詰めること鬼神のごとしでした。本人は「会社のため部下のために必死でがんばるホワイト上司」のつもりだったのですが、部下は日々、小島さんに叱咤激励され、逃げ場がないところまで追い込まれ、悲鳴を上げるようになっていったのです。

小島さんは、一個人としては非常に成績優秀で、大山さんを初め上からは高い評価を得ています。しかし、部下にも自分と同じ熱量と仕事量と成果を強く求めるので、だれもついていけません。要求のハードルが高く、細かいところまで自分が望むとおりにやらないと叱責します。部下が苦労して出してきたものを見ても、「ぜんぜんダメ。やり直し」のひと言で「ごくろうさま」の「ご」もありません。

「君たち、こんなものはプロの仕事ではない。これぐらいのことで音をあげるなら早く転職したほうがいい。やる気がある人だけ残ってくれればそれでいい」

そんな小島さんの言葉を聞きながら、このままではみんな討ち死にすると思った部下の1人が、耐えきれずに上位職の大山さんに泣きつきました。報告を受けた大山さんは、その部下の言葉を受け止めつつも、自分が信頼して抜擢した小島さんがやっていることがまちがっているとは思えませんでした。大山さんの目にも、部下たちの仕事ぶりは生ぬるいと感じていたのです。小島さん以下スタッフを前にして大山さんはこう言いました。

「いま会社は厳しい状況にある。そこに対する小島の危機感と打開策は私と共有しているものだ。どうかみんな大変だとは思うが、がんばって小島についていってくれ」

その一方、小島さんと2人の席ではこうアドバイスをしました。

「たしかに物足りないところはあるが、あまり彼らを追い詰めすぎるな。君と同じようにできるものだと思ってはいけない。もう少し部下への接し方に気をつけたほうがいい」

しかし、小島さんの厳しい姿勢は変わりませんでした。

小島さんは、自分のためではなく大山さんのためという思いがあったからこそ、部下に嫌われてでも目標を達成しようとしたのです。しかし、その思いに巻き込まれた部下のほうは、たまったものではありません。ついにだれ1人、小島さんについていく人はいなくなり、小島さんは失意のもとに会社を去っていきました。

熱い恩義が仇となるとき

後日、大山さんは、私にこう言っていました。

「いま思えば、私が小島にあそこまでやらせてしまったような気がします」

「小島さんは、なぜそんなにも大山さんに恩義を感じていたんですか？」

「若手だった彼が、何をやってもダメで、いよいよやめそうになっていたとき、それなら最後に手取り足取りすべて教えてみようと1年ぐらい付きっきりでやったら、あるときからメキメキできるようになったのです。叩き込まれているうちに、ある瞬間、自分なりに何かをつかんで大化けするという人が、ごくごく稀にいますが、彼がその1人でした」

「そのときの大山さんの指導がなければいまの自分はないと思っていたわけですね」

「その後、彼がプライベートなことですごく悩んでいるときに相談を受けて、『このままだと会社をやめるどころか死にかねない』と思って助けたことがあって、その恩義を感じすぎていたのかもしれません」

「でもバランスがちょっとね。私はバランスばかりとろうとする人より、とんがったぐらいの人のほうが好きなんですが、管理職として下にとんがってしまったら部下は逃げられませんよね。私の人事ミスで彼にも部下にも悪いことをした」

「彼の『大山さんの夢をかなえるためなら死んでもいい』という思いをもっといい形でエネルギーに変えられればよかったですね」

「一兵卒のまま私のスタッフとして仕事をさせるか、管理職をやらせるなら、もっと近くにいて私が手綱を引いてあげたり、もっとゆっくり相談にのってやればよかったと思います」

「結局、どのレベルであっても、上司の仕事で一番大事なのは、部下のために時間を作ることなんですね」

第8章
部下を煽る上司

部下の心の声24

「昇進とか別にいいですから」

「昇進を目指している人は4割もいない」

「会社員となったからには仕事に励み、立身出世を果たすべし。社長をめざしてがんばろう！」という昭和のモーレツ社員のような人は、いまどき、めっきり少なくなりました。

どの企業を見ても、トップマネジメントまで昇進したいという強い気持ちを持っている人は、2〜3割から多く見積もっても4割いない。残りの6割から8割の人たちは「昇進とか別にいいです」と思っているようです。各企業の若い社員や幹部候補生のセミナーを主催して、長年、彼らと接してきた実感として、その数字には、おそらくまちがいがないと思います。

ただ、実は、こうした傾向は、いまにはじまったことではないと私は考えています。半世紀前の高度成長期ならば、「会社で出世すればバラ色の人生が待っている」という時代だったかもしれませんが、1980年代以降、もうここ30年以上も前から「別にそんなに出世したってどうなるわけでもないだろう」という人が、いまと同じ割合でいたのではないかと思います。

いずれにせよ、6割以上の人たちが、昇進をそんなに望んでいないという組織の中では、どういうチーム構成でどこを目指してチームは進んでいくべきなのか。それを見極めなければ「どういう上司が、どういう部下をどういうふうに導いていくべきか」ということが見えてきません。

つまり、いまどきのホワイト上司の理想像は、昭和の理想の上司像とはまた別の形があるということを探る必要がありそうです。

昔なら、上司が部下に、「お前、そんなことでは会社のためにも自分の身のためにもならないぞ」と言われたようなことが、果たしていまなおそうなのか。それを改めて見直しながら、ブラック上司にならないためにはどうするべきかを考えていきたいと思います。

部下の心の声25

「キャリアビジョンとか言われても……」

「いまのうちからキャリアビジョンをしっかり考えておかないと、10年後、20年後、大きな差がついてしまうぞ」

よくそんなことを先輩社員に言われたものです。しかし、いまそういうビジョンが描ける人がどれだけいるでしょう。そもそも、会社の内外を見わたしてみても、「自分は将来、あの人のようになりたい」という理想のモデルが簡単に見つかるでしょうか。

そんな中で「将来はどうなりたいんだ？」と言われても、「いや、それよりも、とりあえずいまを大事にしていきたいです」という人が増えているように見受けます。

かといって、やる気がないというわけではありません。「この仕事を一生懸命にやりたいとは思うけど、出世とか、そういう上昇志向はとくにありませんから」という人が目立つようになっているようです。

そういう意識の部下を前にしたら、上司としては「そうか。自分は昇進を志してキャリアアップしていくためにがんばろうと思って仕事に取り組んでいたけど、そもそもそこが違うのか」ということを認識しておく必要があります。昇進を目指す気持ちがある人とない人では、同じ指導や言葉が通じにくいことがあるのは否めません。

シーン1　「将来どうしたい？」と言われても別にありません

昇進に興味がないということは、「高い評価を得て昇進するために実績をあげたい」という気持ちで仕事をしようとは思っていない。将来的にどうなりたいかということよりも、いまがそれなりに楽しければそれでいい。つまり、仕事であまりストレスを感じるような生き方はしたくない。

シーン2　「このままだと昇進できないと言われても」

「そんな仕事をしているようでは、いつまでたっても昇進できないぞ」という言葉で発奮したりしない。つまり、昇進のために仕事をするのではないと思っている人には、あくまでも仕事の意義や内容についての指導をする。

シーン3

「管理職になりたいと思っていませんので」

「私はリーダーの器ではありません。職人には昇進や管理職がなくても、いい仕事をする人がいますよね」そう思っている部下には、管理職うんぬんという話よりも「プロフェッショナルとして恥ずかしくない仕事をしてほしい」というほうが響く。

Point ブラック上司返上！のための処方箋

①出世欲のない部下には何が仕事のモチベーションなのかを探り、それに応じた接し方をする。

部下の心の声 26

「指示してください。全力でやりますから」ではダメですか？

ビジネスの現場では、「指示待ち族ではいけない」と長い間、言われてきました。自分で考え、自ら行動する。自分で問題を発見して問題解決をする。自分でプランを考えて遂行する。そういう能力が求められてきました。

しかし、昇進したいとも思わないし、マネジメントに関心が持てないという人たちが「不要な人材」なのかと言えば、決してそうではありません。指示待ち族が、指示を受けて全うすることも組織には必要です。「与えられた仕事を完ぺきにこなす指示待ち族」の価値を認識してチーム構成を考えるべきだと思います。

シーン1 「当事者意識を持てと言われましても……」

仕事への取り組みが物足りない部下に対して「もっと当事者意識を持って臨め」と上司。しかし、部下の心の声は「意思決定者でもないのに当事者意識って言われても……」。

人事異動にしても上から言われたところに行くしかない身だし、基本的には、あらかじめ決まっている業務の中で役割分担された仕事を遂行するのが勤めだという意識。その枠をさらに広げたり超えたりするつもりはない。

シーン2 「やる気はありますよ」

部署の生産性を上げる推進力になったり、会社を引っ張っていく牽引車になったりすることを期待されても困る。でも、指示されたことを全力でやって、中心的プレーヤーを支えたり、周りの人たちの手助けをしたりすることは一生懸命にやる。そういう面での「やる気がある人」をどう活かすか。それが管理職の務め。

シーン3 「身の丈の仕事をさせてください」

部署や会社を引っ張ってくれるリーダーを育てることは重要。しかし、だれもがそうなれるわけではない。将来の管理職になる能力があって、その意欲がある人には、そういう教育を受けさせ、そういうチャンスを与える。それ以外の人には、適材適所の仕事。昇進を望まず、与えられた仕事をしっかり全うすることで会社に貢献してもらう。「自分の身の丈で仕事をしたい」と思っている人たちを活かすのが管理職の務め。

Point ブラック上司返上！のための処方箋

① 「指示待ち族」の価値を評価して適材適所の仕事を与える

組織図の古典的法則「2・6・2」は正しいか？

組織が円滑に機能していくためには、組織図を構成しているトップリーダー以下のメンバーが、その能力と特性に応じて適材適所に配置され、役割分担を果たしていくことが重要です。組織における個々の能力の構成要素を見たときに昔からよく言われているのが、「2・6・2の法則」です。

上の2割の人は「健全な野心があって、高いハードルを乗り越えて高い生産性を上げようとする人たち。リーダーシップもある」。真ん中の6割の人は「平均的な能力と生産性を持った人たち。上の2割に影響を受けてがんばろうとしたり、下の2割に悪影響を受けてモチベーションが下がったりする。リーダーになりたいとはあまり思わない」。下の2割の人は「生産性が低く積極的に行動しない人たち。真ん中の6割の人に悪影響を及ぼすことがある」。組織には、こうした割合になる法則があるというわけです。

この章で述べてきた「昇進とか別にいいですけど、やる気はありますよ」という人は、「2・

6・2」でいうと、「真ん中の6割」に入ります。では、そういう部下に対して、上司としてどういう指導をすればいいのかといえば、やはり、「その6割の身の丈で組織に貢献してもらう」ということだと思います。

その人たちに「もっとがんばって上の2割を目指せ」というのは難しい。マネジメントの世界では「真ん中の6割の尻を叩いても効果は薄い。上の2割を鍛えれば、それが真ん中の6割のうちの上位の人たちに刺激を与えて活性化させ、全体の生産性がアップする」という考え方があります。

ちなみに、この法則において「下の2割をすべて排除したらどうなるか」というと、「真ん中の6割の下にいる人たちが、新たな『下の2割』と化す」という説が有力です。「2・6・2の構成比は変わらない」というわけです。とすると、「下の2割」を排除してしまうと、「真ん中の6割」にいる人の生産性を下げる結果になってしまうので、得策だとは言えないということになります。そこは排除ではなく、別のケアが必要になります。

いずれにせよ、「昇進とか別にいいです」という人たちにはその人たちに適した仕事の取り組み方があり、リーダーを目指す人にはその人たちに適した取り組み方があります。組織内のだれもがリーダーを目指している人ばかりでは、抗争が絶えなくなってしまいますから、実は当然のことなのです。

部下の
心の声
27

「現状維持ではダメですか?」

上司の仕事は「部下のモチベーションを上げること」。ホワイト上司を自認する人であればこそ、そう強く思っています。たしかに、やる気は大事だし、部下の成長を望むのは当然です。

ただし、部下それぞれによって、目指す方向が違う。この章で分類してきた部下の特性や将来像を見極めたうえで指導していかなければ、部下とはすれ違い、ブラック上司になりかねません。だれもが高みを目指しているわけではありません。部下全員を一様に叱咤激励して、だれもがセンタープレーヤーに育つわけではないのです。

シーン1　「いまの仕事で満足していますから」

いま自分が取り組んでいる仕事で充実感があり、自分の置かれているポジションにも不満はない。「いまの仕事で十分に満足している」という人には、周りがそれ以上ハードルを上げても、なかなか本人は超えようとはしない。その仕事に取り組む姿勢に問題がある場合は指摘する必要があるが、そうでなければ「現状維持」でいい。その代わり「決して現状のレベルを落とさない」という意欲を持たせる。

シーン2 「いまさら新しいことと言われても」

新しいことを考えたり、クリエイティブな仕事をする能力はなくても、決められたことをミスなくきっちりこなす能力や、ひとつのことを粘り強くやり通す持久力も立派な能力。それがチームを救うことはたくさんある。

シーン3 「コツコツと仕事を続けたいだけです」

指示されたことをコツコツやり通す人がいるから組織は回っていく。指示されないうちにどんどん動く人ばかりでは統制がとれなくなってしまう。指示待ち族も組織には必要。指示されたことの中で「いい仕事」をする人は組織にとって貴重な戦力。もっとそういう人を高く評価するべき。

Point ブラック上司返上！のための処方箋

①地味でも身の丈に合った仕事を正確にこなす能力を重んじる。

部下の心の声28

「課長と同じじゃないので……」

「わかる〝日本語〟を話してください Speak Japanese!」

自分の考え方や価値観に自信がある人は、部下にもそれを求めてしまいがちです。「うちの会社で働く以上、これぐらいのことはできて当然」とか、「私と一緒に仕事をする人なら、これぐらい知らないと話にならない」という気持ちがあり、そこが物足りない相手には厳しく指導しようとします。あるいは、口では言わなくても、「できる上司の姿」を誇示しようとします。こういう上司に対する部下の心の声は、「私は課長と同じじゃないので、それ、困るんですけど」というものです。

とくに、若くして頭角を現し、昇進するのも早かったという管理職にありがちなのが、いかにも頭のよさそうな言葉を使うことです。最先端のビジネス用語や専門用語、横文字や難しい言葉を多用して、いかにも自分はよく勉強していて最新の知識や情報も豊富で仕事もできる。そういうことをことさらアピールするような言葉を使って話しているけれど、聞いているほうはさっぱりわかりません。これはコンサルタント会社の「私はエリートです」と顔に書いてある若手コンサルタントがやりがちなことですが、上司がこれでは周りはとても困ります。

シーン1 「難しい言葉を使いすぎです」

カッコいい言葉を使っても相手に伝わらなければ意味がない。本当に頭がいい人の話し方は、難しい言葉など使わずにだれが聞いてもわかる平易な言葉を使って話すこと。

シーン2 「一方的に話さないでください」

話というのは、聞いている人と話す人がお互いに対話があって成立するもの。一方的に話すだけで、言葉のキャッチボールができない人は、どんなにいい言葉を並べ立てても聞いている人には伝わらない。

シーン3 「勉強しろって言われても」

上司がよく勉強している人だというのは部下も認めているが、部下に話をするときに難しい話を一方的にして、部下が理解できないと「自分で勉強してください」と言うのは、お門違い。教室で優等生が劣等生に言うのとはわけが違う。勉強は勉強。指導は指導。部下が聞いてわかる話をするのが上司の務め。「厳しい教師」と「厳しい上司」の仕事は違う。

Point　ブラック上司返上！のための処方箋

①部下と同レベルの目線に立って指導を工夫する。

部下の心の声29

「1回言ったらわかると思わないでください」

頭がよくて理解力が高い上司は、自分がそうだからと言って周りはそうではないということをよく認識して話さないと、何も伝わりません。

シーン1 「そんなに理解力高くありませんから」

理解力が高い上司は、1を聞いて10を知るかもしれないが「部下もそうあるべきだ」と思うのはディスコミュニケーションの元。

1を聞いても「1」さえ伝わらず「0.7」がいいところだと思って、念を押しながら話すぐらいでちょうどいい。

シーン2 「聞き落とすことだってありますよ」

だれしも「一生懸命に聞いていたけど聞き漏らしてしまった」ということがある。だからこそ、わかりやすい言葉で、わかりやすく伝える努力が上司の務め。「わからないほうが悪い」というのは単なる独り善がりにすぎない。

シーン3 「確認しても怒らないですか？」

いつも部下の理解能力の低さに憤っている上司は、実は自分のほうが「理解させる能力が低い」ということに気づかないまま、部下を責めてしまう。すると部下は、上司に聞き直して確認することをためらい、ますます理解不足につながり、ミスやトラブルの原因になる。

Point ブラック上司返上！のための処方箋

①自分の言葉が相手にどう届くか想像し、「伝える力」を磨く。

部下の心の声 30

「反省していないわけではありません」

思うような成果をあげられなかったり、ミスをしたりした部下に、上司が注意や指摘をしたら、その後はよく反省して改善に努めるべきだということは当然、部下も心しています。

ところが、上司から見ると、「反省してそれか？」というふうに感じてしまうような場合があります。とくに、この章で取り上げてきたタイプの部下と上司の間では、上司から見て「自分だったら、上司に注意されたあとには、とてもこんなまねはできなかった。いったいどういう神経をしているんだろう」と思うようなことがあるでしょう。

そういう場合、部下は本当に反省しているのか、していないのか。結論から言うと、「本当に反省しています」というのが、そういう部下の心の声です。

上司にすれば「反省したなら、もっとこうするべきだ」という不満はあると思います。しかし、両者の温度差は否めません。では、そういう部下の態度をどう受け止め、どう接すればいいのでしょう。

シーン1

「自分の時間は犠牲にできません」

金曜日に部下の失敗やトラブルが起きた。やる気のある人なら「土日の休みを返上して、かたづけます」「わかった。しっかりやれよ」となるところだが、「月曜の朝イチでやります」という部下。このとき、冷静に見て、たしかに月曜の朝イチでも何とか間に合うという場合、上司はどうするか。

ブラック上司は、「君のミスだから、休んでいる場合じゃないだろう。君がやらないなら私がやる！」と、ひったくって自分がやってしまう。これでは部下が成長しないし、禍根を残す。

Point ブラック上司返上！のための処方箋

①「月曜の朝イチにどういうふうにやって間に合わせるのか、一応、聞かせてくれ」と確認する。

＊このケースの応用編〜月曜の朝イチでは、間に合わない可能性が疑われるとき上司「困ったな。月曜の朝イチだと、ちょっと間に合わなくなるかもしれないな」

部下「う〜ん。じゃあ、しかたがないからやりましょうか」
上司「私も手伝うから土曜に出てかたづけて、日曜は休むようにしたらどうか」
そんなふうに示唆して、同意があれば一緒に休日出勤する。

シーン2　「注意された日に宴会に行ったらダメですか？」

ミスをした部下に上司が注意をしたら、「申し訳ありませんでした。深く反省して改めます」といって帰ったあと、その晩、プライベートな飲み会に参加している様子を本人のFacebookにアップ。大はしゃぎしている部下の様子を画面で発見した上司は翌朝、どうするか。ブラック上司は、「あんなに深く反省した後に、これか!?」とパソコンの画面を見ながら糾弾する。

Point ブラック上司返上！のための処方箋

①SNSのなかの部下のことまで上司が追求して責めては救い場所がなくなる。
SNSに目くじらを立ててもしかたない。

第9章
発達障害の部下を誤解する上司

発達障害は「仕事の障害」にはなりません

近年、各企業の管理職や人事部などで「新たな課題」として検討が進められているのが、いわゆる発達障害の傾向がある人へのケアをどうするべきかということです。

いま、各企業にこの問題を抱えている人たちがいます。さまざまな症状を抱えて辛い思いをしている人と、その人と一緒に仕事をしながら対応に悩んでいる人がいます。その両者が、どうやってお互いに理解し合い、傷ついたり傷つけたりすることなく、向き合い、受け入れていけばいいのか。この章では、それを具体的に示していきたいと思います。

私はコンサルタントとして各企業の管理職の人たちにマネジメントについて研修を重ねている中で、あるときから発達障害の問題は、組織マネジメント上、重要なテーマだと考え、その対応を研究してきました。もちろん私は専門家ではありませんから、専門家と、実際にこの問題で苦しんでいる人たちや、この問題を乗り越えてきた人たちに集まってもらって勉強会を重ね、「各企業の現場では、どういう現象が起きていて、その対応はどうすればいいのか」ということを導き出していったのです。

「大人にも発達障害がある」という認識が広まったのは、ここ数年のことです。それまでは「ちょっと変わった人」とか「扱いに困る人」「要注意人物」というふうに見られていた人の中に、実は脳機能障害が原因で問題行動が表れている場合があるということがわかってきたのです。

断っておきますが、私はこの「発達障害」という言葉は適切ではないと思っています。「障害者」というレッテルを貼ってしまうことで、偏見や排除につながるようなことがあっては、その人たちの営業妨害につながりかねません。

発達障害は、ＡＤＨＤやＡＳＤ（自閉症スペクトラム・アスペルガー症候群）、ＬＤ（学習障害）などという病名らしきものをつけられてはいても、その人たちは知的障害は一切なく、むしろ高知能高学歴で頭脳明晰な人が多いのです。ある分野では飛び抜けて優秀である一方、とても苦手なこともあります。つまり、ある仕事に就けば、いかんなく力を発揮できるし、弱点をケアして補いさえすれば、十分に仕事ができるのです。

弱点をケアするというのは、近眼の人がメガネをかけるのと同じです。たとえば、私の視力は０・05しかないので裸眼では仕事になりません。その昔、メガネがない時代だったら、目が見えないという発達障害で、みんなの足手まといになっていたでしょう。でも、メガネやコンタクトで視力を補えば、何の問題もなく仕事ができます。いま発達障害と言われている人だって、まったく同じです。弱点のケアさえすれば、立派に仕事ができるのです。

そういう人たちに対する理解不足のせいで接し方がわからず、「僕だって辛いです」と思わせてしまうようなことは、本人にとっても会社にとっても損失です。その人の高い能力を活かし、会社の戦力にして共存していくことは、今後、さらに社会の要請となるでしょう。

2012年の文部科学省の調査によると、全国の公立小中学校の約5万人中、発達障害の可能性がある児童生徒の割合は6・5％。100人中6・5人。30人クラスの中に2人ほどいる計算です。

この問題に社会的関心が高まっていくうちに、大人の中にも「自分もこれに当てはまるんじゃないか」と気づく人が増えてきました。たとえば、私は居酒屋などの騒がしい場所では目の前の人の話は集中しないと聞こえにくい。大勢の人の話し声が同じボリュームで聞こえてしまうので、会食の席は個室や比較的静かな場所を選ぶ必要があります。周囲の音が耳に入りすぎて仕事に集中しにくいときには耳栓が欠かせません。専門医に相談したら「聴覚過敏という一種の発達障害ですね」と指摘されました。しかし、そのおかげで多人数での会議で、参加者のちょっとした発言を聞き漏らすことなく、ファシリテーションができるという利点もあります。つまり、どんな弱点を抱えた人にも違う面では特殊能力があって、それを活かす道が様々にあるのです。

ブラック上司にならないための取扱説明書

発達障害の傾向がある人と一緒に仕事をするときに、「僕だって辛いです」と感じさせて苦しめてしまうのが、この場合のブラック上司です。

「辛い」と感じている人たちは、それぞれ自覚症状があったり、周囲からそう見えていたり、あるいは専門的なケアを受けたりしている人もいますが、そうではない人もいます。本人も周りも、まだ気づいていない場合があるのです。

つまり、こうした傾向がある人たちの中でも、明らかにそうだとわかる人もいれば、よく見ないと気づかないほどの軽度の人もいます。そういう状況の中で、問題行動が散見する人と一緒に仕事をする上司は、その接し方を心得ておく必要があります。それは、発達障害の傾向がある人の「取扱説明書」を頭に入れておくことです。

この取扱説明書という概念を私が提案するのは、実際に発達障害で苦しんだ経験のある人が、こう言っていたことをヒントにしたものです。

「僕についてのトリセツがあればいいのにと思っていました。それを上司に読んでもらえれば、お互いにうまくやっていけるんじゃないかって」

これは、発達障害者の社会復帰を支援する事業を行っている株式会社キズキ代表の安田祐輔さんの言葉です。彼は、かつて自分自身が商社に勤めていたときに、発達障害の症状で辛い思いをしていました。それを抱えながらも商社マンとしての仕事を続けていくために、実際に自分のトリセツを作って上司に渡したこともありました。しかし、その後、退職し、かつての自分と同じような悩みを抱えている人たちを支援する事業を始めたのです。安田さんは前述した勉強会でも、中心的役割を果たしています。その勉強会を重ねながら、専門家や経験者たちの実例をもとにまとめたものが、以下の事例と対処法。いわば、取扱説明書です。

そのトリセツの前提は「発達障害の人は秀でた仕事ができる分野と苦手な分野がある。苦手分野のミスは本人の努力不足や意志によるものではなく、脳機能障害が原因なので、そこを責めても逆効果にしかならない」ということです。

それを踏まえて、「僕だって辛いです」という心の声の具体例を個別のケースで見ていきましょう。

部下の心の声
31

「僕だって、辛いです」

「融通がきかないと言われても……」

発達障害の傾向がある人の特徴は、人によってさまざまなものがありますが、自分のやり方に固執する傾向がある人がいます。それ以外のやり方をすると不安に駆られてしまうのです。自分の心の安定を保とうとして、一つのやり方を押し通して同じミスをする場合がある。日々のルーティンが何らかの理由でできなかったり、予定していたスケジュールがキャンセルされると、動揺して対応がうまくできないということがあります。

そうした事由を知らない人には「融通がきかない」と見えるかもしれませんが、本人もそのために苦しんでいるので「もっと気をつけろ」とか「またか」という言葉をかけるだけでは改善しません。その事由を理解してケアするためには、次のようなことを知っておく必要があります。

シーン1　「それくらい自分で判断しろ」と言われたので……

上司「今度のプレゼンに出席する人のためにバインダーが10個必要だから、頼んだよ」

部下「はい。わかりました」

翌日、オフィスに来た業者が段ボールを次々に運びこんできた。中身はバインダー。その数、５００個。

上司「なんだ？　これは」

部下「業者に電話注文したら、最低ロットが５００だと言われたので」

上司「え？　業者に『５００個もいらないので10個だけほしい』という交渉はしたの？」

部下「いいえ。課長に『そのくらい自分で判断しろ』と言われましたので、私としては腐るものではないし、いいと思って」

上司「こんなにたくさん買ってもしょうがないだろう。だったら近くの店に行って買って来ればいいだけのことじゃないか」

部下「備品は、この業者に注文するようにと以前、言われていたので……」

Point ブラック上司返上！のための処方箋

①「そのくらい自分で判断しろ」は要注意。任せきりにして大丈夫な件と応用が必要な件を仕分けして頼む。

シーン2 「いつまでそれをやってるの？」って言われても

課長「明日の会議のための資料を用意しなければいけないから、これを全部15部ずつコピーして閉じて袋詰めまで頼むよ」

Aさん「はい。わかりました」

その作業に取り組んでいると、まもなく課長がスタッフ全員に向かって緊急連絡。

課長「みんな。いま部長から連絡があって、明日の会議は、いったん取りやめになった。まだいつ改めてやるか決まっていないので、決まってからまた準備に取りかかることにしよう」

一同「わかりました」

みんなが各自、仕切り直しに取り組むなか、Aさんだけが延々、資料作成の作業を続けている。

課　長「Aさん。いつまでそれをやってるの？」
Aさん「明日の会議の資料を用意しろと言われたので」
課　長「さっき、明日の会議は中止って言ったじゃないか。君もここで聞いていただろう。
　　　　みんなもう会議の準備はやめて、次のことをしてるんだぞ」
Aさん「でも、明日の会議の資料を用意しろと言われたので」
　Aさんとすれば、さっきの課長の緊急連絡は聞こえてはいたが、「明日の会議の資料を用意しろという指示に従ってやっている。資料作りは中止しろという指示は受けていないからやっている」と思っている。「会議は中止」という情報を聞いても、新たな指示を出されていないので、変更するのは不安。

Point　ブラック上司返上！のための処方箋

①最初に出された指示が、途中で変更になったときなどに、自分で上書きして修正するのが苦手なので、前の指示を取り消し、新たな指示を出す。

シーン3　「お客様をお待たせしてる」と言われても

Bさんはパソコンに向かって熱心にレポート作成中。「この件の調査と分析でBさんにかなう人はいない」と社内的にも顧客にも高い評価を得ている。

作業の途中でBさんのお客様が訪問。

スタッフ「Bさん、お客様がお見えです」

Bさん　「はい」

お客様が応接テーブルで待っているが、Bさんはレポート作成に熱中したまま。

課　長「Bさん。何やってるの。お客さんをお待たせしてるんだぞ」

Bさん「これを完成させてしまいたいのですが……」

課　長「いま、それは、あり得ないだろう！」

Point　ブラック上司返上！のための処方箋

①「レポート作成は一時、停止」という新たな指示を明言し、「お客様の対応を」という新たな指示に上司のほうが書き換える。前項の資料作り同様、一度取り組み始めた仕事を中断して別のことをしなければいけないときの途中変更を、自分でスムーズに行うのが苦手。「前の指示を取り消し⇒新しい指示を出す」という手順を踏む。

部下の心の声32

「放っておいてほしいです」

発達障害を抱えながら毎日出社して、周りの人たちと一緒に仕事をするというのは、本人にとっては大変なエネルギーを要することです。「これを乗り越えてがんばって仕事しよう。みんなに迷惑をかけたくない。自分の能力を発揮して貢献したい」と思って勤めたあと、家に帰るときには、もう疲れ果てているのです。

普通の人には何でもないことが、大きなストレスとなることもあります。たとえば、だれかのペースに合わせて行動することや、みんなのペースを乱さないように自分を合わせるというのは、とても心身のエネルギーを使います。

そこで、こういう気持ちを持っています。

「昼休みぐらい、自分が好きなところに1人で行かせてください」

「飲み会は出なくてもいいですよね?」

「距離、近いんですけど」

昼休みに同僚たちと一緒にランチに行くことが楽しみだという人には理解しにくいかもしれませんが、就業時間だけでもみんなに気を使うのが大変なのに、昼休みまで一緒に過ごすと、午後にがんばるためのエネルギー補給ができなくなってしまいます。

また、飲み会も同様です。発達障害を抱えている人は、仕事以外のコミュニケーションが苦手な人もいるし、その必要性をあまり感じていない人もいます。

発達障害の人と接する場合は、距離感が大事。日ごろのコミュニケーションにしても、物理的な距離にしても、近づきすぎることなく「自分のテリトリー」を保たせてあげることが大切です。

Point　ブラック上司返上!のための処方箋

①周りの人たちや上司は、よかれと思って、昼ごはんや飲み会に誘うかもしれないが、本人にはそれが負担になることもある。誘うときは、本人の意思を十分に確認し、決して深追いはしない。

部下の心の声33

「片付けとプランニングは昔から苦手なんです」

発達障害の傾向がある人の特徴の1つは、身の回りをきれいに片付けるのが苦手なことです。机の上がいつも散らかっている。パソコンのフォルダが整理できていなかったり共有フォルダを使うときに共通のルールを守れなかったりします。

片付けものを始めると収拾がつかなくなる場合があるのは、だれしも覚えがあると思いますが、ちょっとそれを想像してください。押入れを片付けようとしたり、何か押入れの中から探し物をしたりするときに、昔のアルバムを見つけて見入ってしまって何を探そうとしていたかを忘れてしまったり、まったく片付かなくなってしまったりする。興味関心がどんどん枝葉に入っていってしまうのです。

そんなふうに枝葉末節にこだわってしまうために時間の配分も苦手です。段取りやプランニングが苦手なのです。

これも脳機能障害からやってしまうことなので、「だらしないぞ」とか「もっとバランスを考えて」と責めてもしかたのないことなのです。そういうときの心の声はこういうものです。

シーン1

「何がどこにあるかわかっていますから」

机の上が散乱していても、本人は「何がどこにあるかわかっていますから」といっている。

Point ブラック上司返上！のための処方箋

①基本は手出し無用。もし手伝いを頼まれたら手伝う。

シーン2

「この段取りでどうでしょう？」

周りから見ると、明らかに無理な段取りを立て、同じ失敗を繰り返す。

Point ブラック上司返上！のための処方箋

①「この段取りでどうでしょう？」と聞かれたら「このままだと失敗する可能性があるの

で、ここを修正したらどうか」とアドバイスする。

部下の心の声 34 「この仕事ならだれにも負けません」

発達障害を抱えている人の特徴は、すでに述べたように「ある分野では飛び抜けて優秀だが、日常のささいなことが不得意」です。

たとえば、私の知り合いのNさんは、日本でトップクラスの国立大学で宇宙工学を学んだ優秀な学生でした。世界有数の一流メーカーに将来を嘱望されて研究員として迎えられましたが、半年ほどで退職して、IT系ベンチャー企業に転職しました。そこではウェブのマーケティングや顧客動向の分析の仕事をしていますが、そのアウトプットは、さすがに世界トップレベルの解析で、ITの専門家集団の会社にあってさえだれもついていけないほど高い能力を発揮します。

その一方で、先輩たちや同僚をちょっと困らせてしまうことがしばしばあります。まず、朝起きることができません。ほとんど毎日、遅刻です。文章を読むのが著しく遅い。忘れ物やケアレスミスが多い。1つの仕事に取りかかるとそこに集中しすぎてしまい、2つのことを同時にできません。

会社にとってNさんは、余人をもって代えがたい仕事をする貴重な戦力です。ただ、日常業務の中で周りの人たちが普通にできることを何度も同じミスをして、周囲の手間暇を増やしてしまうことがあります。

Nさんの上司は、Nさんと接する日々のなかで「Nさんのトリセツ」を覚えていきました。

叱るより気づかせる

Nさんのウェブ解析がハイレベルであることはたしかなのですが、たまにミスもあります。彼は非常に難解な数式を使っているので、どこがまちがっているのか、彼以外の人間にはなかなかわかりにくいのですが、上司には直観的にわかります。

「この分析結果はちょっとおかしい。きっとどこか途中でケアレスミスがあるはずだ」

そう思っているのですが、ここで彼にどうやってやり直しを指示するかは気をつけなければいけません。Nさんのようなタイプは、自分の分析結果に強い自信とプライドを持っているので、指摘や指示の仕方には注意が必要なのです。
上司のNG対応は、次の2つです。

①頭から否定する

上司「この分析結果は私の経験上、直観的に数字がまちがっていると思う」

Nさんの心の声「この人は直観だけで私の分析を根拠もなく否定してる。こんな人は信用できない」

②下手におだてる

上司「Nさんの数式はあまりにもレベルが高すぎてみんなには難しいから、もっとわかりやすく説明してくれないかな」

Nさんの心の声「この人たちの理解力はこんなものか。この上司だって、よくわかっていないんだ。しょうがないな」

これではNさんの自信を増長させるばかりです。

Point ブラック上司返上！のための処方箋

①Nさんの分析に積極的な興味を示す

上司「なるほど。とても興味深い解析だね。どういう展開で分析したのか、もう少し聞か

せてくれるかな」

Nさん「わかりました。まず、ここから説明します……」

Nさんは旺盛な自信を持っているので、自分の論理を説明したいという気持ちが強い。それを評価してほしいという気持ちも非常に強い。そこで、改めて一から説明を始めると、その途中で、かならず自分でまちがいに気がつく。

Nさん「あ、ここ、まちがいがあります。すぐに直してきます」

そう自ら気づかせることが大切。

「他責にして学ばない」のをやめさせる

高偏差値高学歴で頭脳明晰なNさんのタイプは、基本的に自分に自信があるので、自分が得意なことは他の人よりできると思っていますたしかにそういう面もあるのですが、自信がある分、あまり人から学ぼうということをしたがらないところがあります。

そのため新規の案件の注意事項を上司から説明されたときなどは、その諸注意をおろそかにして自分のやり方で押し通してしまう。それでうまくできなかったり失敗したりしても他責にして学ぼうとしないことがあります。

Point　ブラック上司返上！のための処方箋

①新規の案件を説明するとき、Nさんの上司はNさん用のマニュアルをプリント1枚に作っておいて、さりげなく「あ、こんなのがあったよ」と手渡すようにした。すると、マニュアルに従ってうまくやった。

「2つのことが同時にできません」

Nさんは1つのことに集中しているときは力を発揮しますが、基本的に2つのことを同時にやるのは苦手です。メールを送信しようとしているときに、電話口に呼び出されると混乱したり、同時に別々のお客様が訪ねてきたりすると対応できなくなったりします。2つのことを同時にお願いすると1個は忘れてしまいます。

Point　ブラック上司返上！のための処方箋

①何か頼むときは1つずつ依頼する。

②いま取り組んでいる仕事が終わってから、次の仕事をさせる。

「朝起きるのは苦手です」

朝起きるのが苦手で遅刻ばかり。しかし、それは発達障害ゆえに起こっていることであって生活習慣を改めて改善するものではないと判断されるときは、その人に対応した勤務形態を考えるべきです。

Point ブラック上司返上！のための処方箋

①午後からの出社でも問題のない業務を担当させる。

発達障害を受け入れる社会であるために

発達障害の人を受け入れ、働き場所を創っていくことは、これからの社会においては必要不可欠なことです。そのためには、ここまで書いてきたように、「発達障害を抱えた人たちは何が得意で何が不得意か」を理解することから始めなければいけません。

それを理解すれば、受け入れる側が「社会人のくせに、どうしてそんなことをするんだ」

と責めたり疎んじたりすることもなくなります。

脳の機能に起因している行動は、本人の心がけでは治らないし、周りにいくら注意されても当面、完治は期待できません。それを理解してあげないままに何度も厳しく注意したりしてしまうと、追い詰められて出社できなくなったり、精神に変調をきたしてしまったりしないともかぎりません。

この場合、だれかがケアして軌道修正してあげたり、手助けしてあげたりする必要があります。しかし、上司は忙しくてかかりきりになるのはとても無理だし、周りのスタッフもそうそういつもケアができるわけではありません。かといって放っておくと、あらぬ方向に向かう可能性もある。ケアは簡単とは言えません。

対処法としては、長所進展法で、その人の得意分野を活かす環境を作ってあげる。苦手な分野の改善は期待せず、可能な限りのサポートをする。そして、その人の言動を特殊だと受け止めすぎないことが必要です。

たとえば、こんなデータ分析があります。「米国におけるADHD(注意欠陥、多動性障害)者の割合は日本と比べると低い。米国では職場等で動き回る人が比較的多いので、動き回ることをそれほど気にしない。日本はそうではないので気にする人が多い。この差が数字に出ている」つまり、受け入れる土壌の違いです。

だれもが忙しく働いている会社の中で、発達障害を抱えた人をだれかがケアするためには、上司1人の力では足りません。他の人たちが、その時と場合と必要に応じて少しずつ手を貸してあげる必要があります。

それは、あえて学校の教室をイメージするとわかりやすいかもしれません。この章の冒頭で述べたように、いま全国の小中学校にはクラスに2人ほど発達障害を抱えた生徒がいるという文科省のデータがあります。

そのとき、担任の先生は、その生徒のケアを心がけていますが、1人では手が回らないときがあります。そのときに、クラスにはかならず面倒見がいい女子がいて、

「ほらY君。ここにプリントを出してって先生が言ってたでしょ」

「うん」

そういうケアをしてくれる同級生がいるおかげで、その子も先生もクラスのみんなも安心できるということがあります。そういう面倒見ができる子が2人、3人と増えて、手助けをしてくれる生徒の数が増えていけば、もっと本人も先生もみんなも安心して過ごせます。そんなふうに、オフィスでも受け入れ、ケアしていくことができればいいと思います。

いまや発達障害の傾向のある人が各企業にいるのは当たり前のこととしてとらえ、その人たちといかに共存共栄していくかを考えるべき時代だと言えます。ピープルマネジメン

ト上の課題は、それを前提にどう対処していくかということです。

発達障害に対して偏見を持たず、排除せずに、いかに受け入れ、活躍してもらえる土壌をつくるか。まずは管理職の人たちが知識として発達障害のことをもっとよく知る必要があると思います。

あとがき

ブラック上司対策として内部通報制度を整備する会社が増えています。

内部通報とは、法令違反、規則違反、パワハラ、セクハラなど不正行為や疑問などを組織内部の窓口に対して、匿名または実名で相談・通報することで、事態の改善が意図するものです。

ところが、この内部通報を悪用する人がいます。そもそも気に入らないとか、注意されたことに腹を立ててとかで、特定の人物を陥れるための手段として使われることがあります。

私が知る限りでも、通報されたが故にいろいろ調べられ、最終的に「問題なし」となったのですが、嫌気がさして退職したり、噂が蔓延して居づらくなり退職に追い込まれたり、心を病んでしまったケースがあります。

制度として確立してしまうと、ひとたび通報があると、それが適切な通報であろうとなかろうと、それなりのアクションを講ずることになります。それが当事者周辺を疲弊させます。

２０１６年に消費者庁消費者制度課から、いわゆる「内部通報ガイドライン」が公表されて以降、おかしなことになってきていると感じています。

社内での不適切な行為の完全撲滅は難しいと思います。これは人間集団であるがゆえのつきものだと思います。それを発見した人が安心して話せる人が周囲にいないために、匿名などで通報せざるを得ないという状況。こっちの問題の方が本丸だと思います。ここをなんとかするための努力をせずに内部通報の制度だけを整備しているから、おかしなことになっているのです。

お互いに助け合う、信頼し合う組織風土を醸成する。これは当然に目指すべき姿です。ただし、これは大変です。それこそいろいろな人がいますので。戦略的に取り組むべきは課長などの組織の最小単位の管理職のピープルマネジメント力の充実だと思います。

チームとしての成果を問う以前に、リーダーがメンバー一人ひとりと信頼関係を築くことを問うべきだと思います。このためにリーダーが良かれと思っていろいろ試みていることが却って悪い状況にしていることも無きにしも非ず。これまで、そういう熱血系〝善意〟のリーダーの姿を多くみてきました。本書がご自分の行動を振り返るための参考書となったなら幸いです。

本書をまとめるにあたり、ライターの松橋孝治さん、企画の髙木真明さん、ぱる出版の和田智明さんには大変お世話になりました。

また「発達障害」という難しい分野のお話を株式会社キズキ代表の安田祐輔には具体例も含めて助言いただきました。この場を借りて感謝申し上げます。

柴田励司

柴田励司（しばた・れいじ）
1962 年東京都生まれ。上智大学文学部英文学科卒業後、京王プラザホテル入社。京王プラザ在籍中に、在オランダ大使館出向。その後京王プラザホテルに戻り、同社の人事改革に取り組む。1995 年、組織・人材コンサルティングを専門とするマーサー・ヒューマン・リソース・コンサルティング（現マーサージャパン）に入社。2000 年、38 歳で日本法人代表取締役社長に就任。組織に実行力をもたらすコンサルティング、次世代経営者層の発掘と育成に精通する。
2007 年社長職を辞任し、キャドセンター 代表取締役社長、デジタルスケープ（ 現イマジカデジタルスケープ） 取締役会長、デジタルハリウッド代表取締役社長、カルチュア・コンビニエンス・クラブ代表取締役 COO などを歴任。「働く時間・学ぶ時間」をかけがえのないものにしたいという思いのもと、経営コンサルティング事業と人材育成事業を柱とする㈱ Indigo Blue を本格稼働。代表取締役を務めている。

もしかしてブラック上司《じょうし》？
ブラック上司《じょうし》とホワイト上司《じょうし》の差《さ》は紙一重《かみひとえ》

2018 年 4 月 16 日　初版発行

著　者　柴《しば》田《た》励《れい》司《じ》
発行者　常塚嘉明
発行所　株式会社 ぱる出版

〒 160-0011　東京都新宿区若葉 1-9-16
03(3353)2835 — 代表　03(3353)2826 — FAX
03(3353)3679 — 編 集
振替　東京 00100-3-131586
印刷・製本　中央精版印刷（株）

ISBN978-4-8272-1114-6　C0034